倒立先生　黃明正　的夢想拼圖

告訴世界 我是誰……

【推薦文】

欣賞倒立先生黃明正的作品時，立即湧現「自我追尋」、「多元智慧」、「創造力」和「世界觀」四個關鍵詞。他兒時就能夠發現八大智慧中「肢體－動覺」的才能，並串連其他如視覺、表演和人際等智慧，努力發揮才能。在十三歲時，他比一般青年早熟的展開自我追尋，因而堅定世界倒立的夢想。

「倒立壯遊．探索世界」完全使用了創造力的逆向思考技巧，果然創造了獨特的風趣與美感。他「想要從臺灣紅出去，再把世界上最好的東西帶回臺灣分享！」的夢想實踐之路，充分展現了他的在地關懷和多元文化交流的世界觀。

任何想要以及協助別人發掘才能、自我追尋、實踐夢想的人，都可以從這本書中獲得靈感和啟示。

吳靜吉（政治大學創造力講座教授）

【自序】

將力量傳給下一個人

常常在演講時，觀眾會問這樣的問題：「你為了追求夢想放棄了什麼？付出的代價是什麼？」

第一次面對這個問題時，我沉思了很久，回答他們：「我放棄了一切，也提起了一切；我付出了一切，也擁有了一切。」

在和朋友的聊天裡，朋友擔心我會因為太操勞而英年早逝，為此我鬱悶了一些日子。後來一個罹患癌症而正在治療中的朋友跟我說：「如果你有盡力去做自己想做的事，大眾也確實因為你的努力而獲得快樂，那麼，人生就已美滿，『英年早逝』自然不會影響到你。」

她短短的幾句話，讓我不再困惑與鬱悶。

也常有觀眾問：「什麼動力讓你可以繼續下去？」

我想了想，答案應該是對世界的好奇心與追尋自我價值，也就是人活著到底是為了什麼？最近腦海裡常出現一道迎面而來的光，我知道那道光的方向是我想去的方向，雖然根本不知道未來在哪裡，其實那道光就是我的心真正想去的地方。我很幸運可以盡情的往心的方向走去，跟走在已經規劃好的路比較起來，雖然辛苦千倍，但是快樂萬倍。

每個人都有追求快樂的權利，沒有對錯與好壞，這是我自己選擇的路，它是一條心裡的路、一條從零開始的路、一條一定狂風暴雨的路、一條容易英年早逝的路，但是過程確實無比精彩。

當你在看我的文字、圖像以及表演時，心裡被激盪出的漣漪以及嘴角的一抹微笑，也是我想追尋的答案之一。

謝謝一路以來一直不厭其煩被我問問題的鴻鴻老師，以及小燕姐、芳宜姐、傅娟姐的相挺推薦，還有知識巨人吳靜吉博士與洪蘭教授的提攜指教。

這本書獻給一路教導我長大的老師們，以及環臺第一年無怨無悔無償幫助我的大學同學林芳如。

如果你在這本書裡得到一些力量，希望可以請你用自己最擅長的方式，將力量傳給下一個人。

第壹章

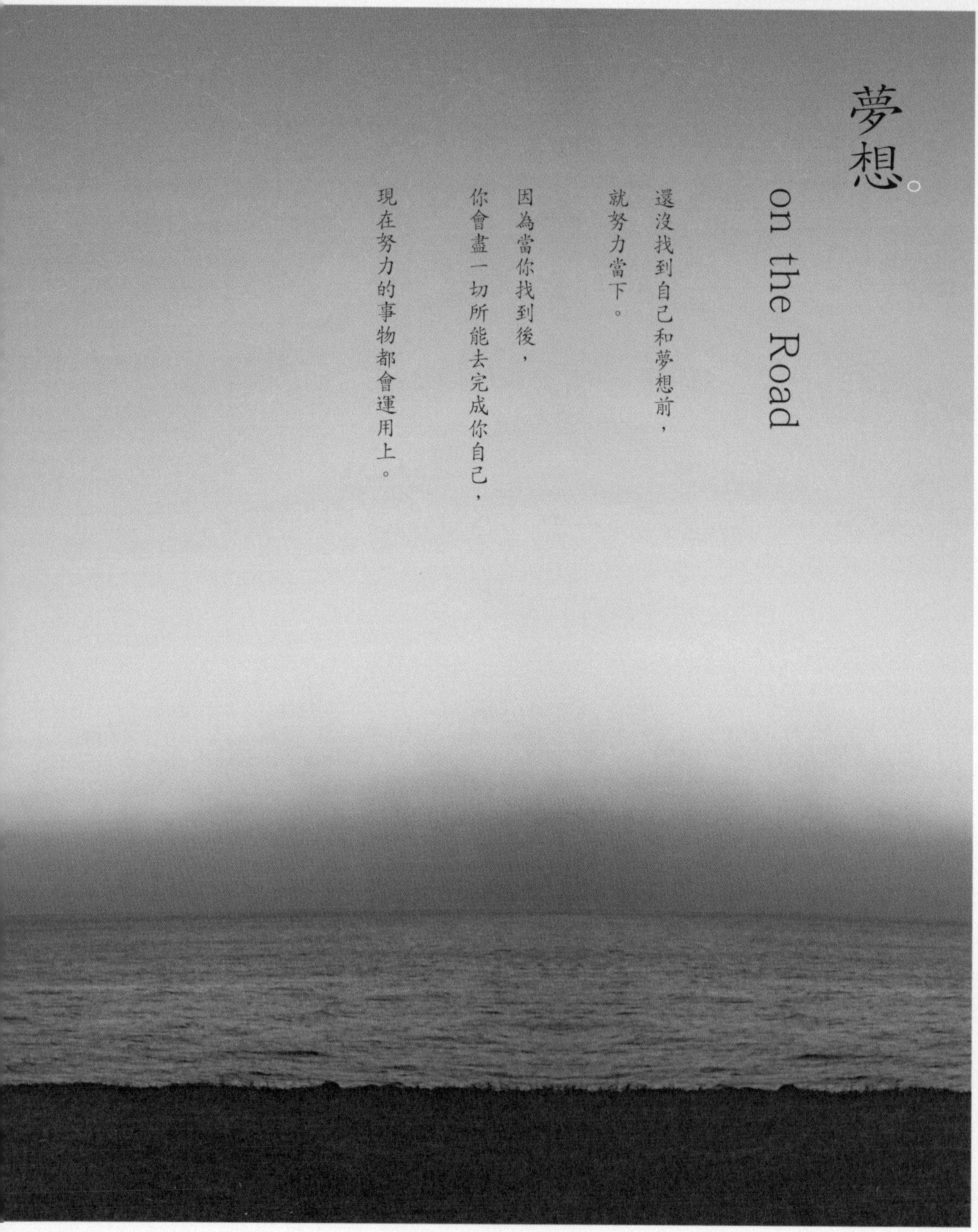

夢想。

on the Road

還沒找到自己和夢想前，
就努力當下。

因為當你找到後，
你會盡一切所能去完成你自己，
現在努力的事物都會運用上。

我從媽媽的眼中看見了那道光

我爸媽的相識可說是一見鍾情，這種感覺好像大多是發生在童話故事裡，所以從在臺灣長大的媽媽的口中說出來時，我一開始並不太相信。

但是當我問她：「一見鍾情是什麼感覺？」

媽媽回答：「看見你爸爸身上發光，知道『就是這個人』！」

身上發光的「ㄨㄣ ㄉㄠˇ ㄅㄟ」。

爸媽是在醫院相遇的。當時阿公正好生病住院，媽媽是照顧阿公的護士之一，爸爸則是常常到醫院照顧阿公。

阿公愈看愈覺得這個護士很不錯（又細心又很會生的樣子），就想撮合媽媽跟大伯（也就是我爸爸的大哥），但是媽媽對大伯不來電，反而是在一旁默默照顧阿公的爸爸，在她眼裡有分量多了。

那個時候護士是很夯的職業，媽媽的個性好，既開朗又樂於助人，追她的人很多，其中包括醫生、各行各業的小開。爸爸能勝出的原因，除了孝順、幽默風趣、長得帥之外，最重要的關鍵是：以「用心」感動媽媽。在追求的過程中，爸爸總是一天寫兩封情書，一封郵差送、一封自己送（他每天騎大約兩個半小時的機車來回送信）。

小倆口愛得濃烈，很想結婚成家，但媽媽的娘家在嘉義朴子一帶算是大家族，自然不希望她嫁給一個住屏東高樹鄉下、工作也還不穩定的小伙子。結果發生了激烈的爭執與拉扯，外公家甚至把媽媽禁足起來、嚴加看管，不准她出門見情郎。不過，任何攔阻也抵不過愛的力量，小倆口決定私奔了。

他們離家到臺北，兩人互相安慰，並築起愛的小窩。後來還奉子（懷了我大哥）成婚。媽媽嫁到了屏東高樹。可想而知，外公家更是怒不可遏。

由於傳統的枷鎖造成了許多衝突，他們兩人愛得很辛苦。所以他們對小孩的教養態度是：除了愛之外，還給予自由與陪伴。如果限制了各種自由，就會少了很多「真實的陪伴」；過多的枷鎖，只會造成遺憾與謊言。

媽媽一直感到遺憾的是，她最甜美的愛情與組織家庭的過程，外公家幾乎沒有參與到，但她知道家人非常愛她，特別是外婆。身為臺灣傳統女性的外婆，雖然並不反對女兒掌握自己的幸福，卻也不好在外公面前多說什麼，只能在心中暗暗祝福自己的女兒。

豬小弟誕生了

聽媽媽說，懷我的時候（我在家排行老二）常常喝巧克力牛奶（因為阿公買錯）和吃水果，愛睡覺、愛看書，也常常相思。因為在懷我時，爸爸就去當兵了，一直到我兩歲時，他才退伍。所以我的「營養胎教」是巧克力牛奶、水果、書、睡覺，以及看著夕陽的思念。

媽媽臨盆的那天晚上，阿公夢見有個老頭子牽著一隻小豬走到屏東老家的三合院裡，然後走到媽媽的房間……忽然，阿公被媽媽急促的敲門聲給吵醒了，緊接著，我「這隻小豬」就在醫院被生出來了（剛好我是屬豬的）！

媽媽說我這隻小豬小時候很喜歡笑，無論是看到人或看到照相機都在笑；不過我很小氣，手裡的糖果如果自己吃不夠的話，就絕對不會分給別人。因此大人都說，媽媽的下一胎肯定是女生，果然，後來我真的多了一個妹妹。

爸爸當完兵後，他們決定舉家北遷，尋找工作機會好能賺錢養小孩。他們一路從屏東里港到臺南，最後定居在苗栗竹南。

媽媽說我從小就愛笑果然沒錯，你看無論是跟爸爸、哥哥或妹妹照相，鏡頭裡的我都是笑嘻嘻的。

油錢是負擔，也是旅途的動力來源。多次加滿油，總是期待旅途中的相遇。

時間之旅日記

2010.3.13（六）

臺北 桃園 新竹

西濱公路

朋友始終挺身而出，為我解決問題。同學林芳如（左）義無反顧的幫助我處理行政事宜。

……

準備了八個月的時間了，終於要出發了，終於要開始我的家鄉環島之旅了。一切的一切，從去年二〇〇九年七月開始籌錢，到現在應該籌了大約有七十萬了吧？不然也有六十萬！

真的好不容易，真的好不容易，真的好不容易！

所有的錢支付了裝備，買電腦、買相機、做道具、旅費、修車、行政開支、吃飯、雜支……幾乎沒有一絲自己可以用的錢，雖然我偶爾會拿一些錢給家裡，但那都是給心安的。我知道家裡需要錢，而且是很需要，但家人不給我壓力，讓我全心全力的完成我要做的事情，讓我不需分心照顧家裡。感謝老媽子吳女士的辛勞。

八個月的準備期，我成長好多，從只是一個想法要讓它成真，真的是要做出非常非常大的努力，但是也因為過程中的磨練，讓我覺得自己所吃的苦其實沒什麼，因為比我辛苦的人還多得是。

八個月的準備期，我大約表演了四百次了吧？如果再加上練習的話，我大約總共重複了一樣的表演一千次了吧！

我不知道我身體為什麼還能負荷，哈，也許有一天會爆發吧！

早上十點，我出發了，我真的出發了，跟往常一樣就是我自己一個人出發五個月的旅程。一車子的表演道具、裝備與日用品。

車子就是我的辦公室。車子就是我的家。車子也是我這趟旅程最要好的朋友。車子也是我想睡覺時的床。

感謝老媽子當初辛辛苦苦付的貸款才能有這台小車子，感謝你們兩老人家便宜幾萬塊賣給我這個需要用車的兒子。

沿路上的風景真的特別漂亮。

……

晚上沿著西濱公路到了新竹。我總共開車睡著了七次，好險還沒出事，我真的是很幸運，幸運到不行！

到了新竹，就麻煩老爸連絡一下他的好朋友屈仔阿伯。晚上我就住在竹南。

我們家以前就是屈仔阿伯的鄰居，後來家裡狀況不好，房子被銀行拍賣，爸媽就搬回屏東，我那時還在臺北念書，總之家裡的情況很糟糕就是了。有一天我們一起回到竹南這個房子拿東西，我們家值錢的東西幾乎都被拿光了，剩下的都是一些垃圾。

當時我差不多是念高中，感觸不深。漸漸長大後，我才發覺那是一件很讓人不舒服的事情，一個感覺自己被連根拔起的不好回憶，好像自己的回憶被掏空了。

這是朋友師虎幫我設計的表演桌，它很棒，可以一分為二，而且所有的道具都可以放在裡面。它陪我上山下海跑了二萬公里的臺灣，它很堅固，但也很重。

我不在乎錢，但我非常需要錢。有錢時我很開心也很有安全感，沒錢時就會陷入恐慌。我的夢想是一塊錢一塊錢慢慢賺來的，每一個觀眾投錢的清脆聲響，都是我可以繼續下去的原因。

以前的獎狀，自己買的漫畫、衣櫥裡的衣服、CD，自己認為的寶物全不見了，被拿去賣了，被拿去當別人家的東西了，被別人拿去收藏了，那是我的東西，但就是被拿走了。

晚上到竹南車站附近的商圈吃飯，濃濃的回憶浮上心頭。我們家最富裕的時期在竹南，最慘淡的時期也在竹南。

以前我媽每個週末將我從臺北的劇校接回家休息，晚上幾乎都會來竹南車站買一大堆零食，像燒仙草、珍珠奶茶，還有去書局買漫畫。我回家就是不停的吃吃喝喝，真的很幸福。

現在也很幸福，至少家人都平安。

風風雨雨。人活下來似乎就是面對不停變化的因果關係。

今天又冷又下雨，拍 Mr. Candle（倒立先生）遇到下雨真的很痛苦，希望相機沒壞掉才好。

第一天，我累得在人家客廳的沙發睡著了。

這裡的人，當你開車開太慢時，他們會在後面慢慢等你；當然，你常常也會遇到慢慢開的人，以及緩緩騎著腳踏車的老農夫，他們與世無爭的氛圍，讓你好羨慕。

臺東 飢渴之都

他們一直相信有人會來重視他們，但是一直等不到……一直等不到，縱使他們的先天條件非常好，他們自己也知道，卻就是得不到該有的重視，因為太遠了，但他們熱情歡迎到這裡的每一個旅人。

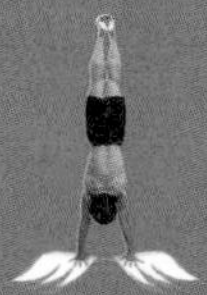

第貳章

倒立先生誕生了。

天賦是想藏也藏不住的，
除非你視而不見，
也聽不見自己內心的聲音。

當機劇
Théât

倒立這件事情是自然而然發生的！

常聽人家說，天賦異稟的人成長過程都會異於常人，我自稱為「倒立先生」也是如此嗎？可以從一些故事來了解「倒立先生」的成長背景，而我自認為是個很標準的「死小孩」。

小時候我曾經失蹤兩次，我對新的事物充滿好奇，看到有趣的事情馬上會忘了自己要做什麼。那兩次，爸媽和警察都是在電動玩具間找到我的。當時，我注意到門外有一陣奇特的聲音，不知不覺走了出去，被一個個新鮮事物給吸引，最後停留在聲光效果十足又引人興趣的電動玩具間裡。

讀幼稚園之前，爸媽每次看到電視上有某些武打動作的片段時，總會叫我來看，他們知道我不但很喜歡看，也很喜歡模仿這些動作。有一次我模仿電視裡的人踢足球，那時家裡沒有足球只有籃球，我就把籃球踢來踢去，踢到指甲翻掉了還在踢，幸好阿公看見後制止了我，不然我可能不只指甲翻掉而已。

從此以後，一旦看到真正有危險的畫面時，比如有人踩著用刀子做成的梯子、躺釘床，或是高空跳傘等，大人就會把我的頭塞在他們的背後不讓我看，深怕我會想去模仿。

倒立這件事情是自然而然發生在我身上的。有記憶以來，我就會倒立了，也沒有人教過。可想而知，每當一有親戚來家裡時，我就會開始表演倒立或是從電視上學到的武打動

有記憶以來，我就會倒立了，我也很喜歡在親戚朋友的面前表演，活脫脫就是一個愛現的小孩。

作和特技動作，活脫脫就是一個愛現的小孩。

有一次，我在比劃武打動作時，把自己給弄傷了。當時媽媽在做家庭代工，家裡隨處可見許多零件和剪刀。媽媽坐在客廳裡做工，我就躺在地上拿著剪刀在地上打滾，比劃著武打動作。在敵我意識非常濃厚、想像力處在最高峰、打鬥最激烈的時候，我為了閃避敵人的攻擊，一個後滾翻後，剪刀就插在我的腳底。我又痛又哭，弄得媽媽哭笑不得，只好趕緊送醫。

我也常被爸爸打，因為有些事情我總也學不會。比如像是過馬路，我不曉得要看紅綠燈，而會直接走過去；更特別的是，只要忽然發現他們在對面的馬路時，我衝得更是快。

有一次，爸爸終於狠下心來教訓我，把我打得很慘。原因是我看到媽媽在對面的馬路，就一股腦兒衝了過去，不巧正好有個大學生騎腳踏車經過，當我快樂的衝去媽媽那裡時，忽然聽見剎車的尖銳聲音，同時看到有個人從我的頭上飛過，接著落地滾了幾圈，然後就聽見媽媽大聲說「對不起」的聲音。雖然那個倒楣的大學生說沒關係，我還是被爸爸叫進客廳跪在神明桌前，等他燒香拜拜完，就拿著皮帶開始抽我。一陣鬼哭神號，鄰居紛紛過來勸我爸爸別打了，爸爸覺得我還沒學到教訓，又繼續打了一下子。

經過這次的慘痛教訓，我才真的學會過馬路要先看紅綠燈。長大後聽媽媽說，爸爸每次打完我後，就會到房間裡哭。

對於神桌的記憶，除了挨打之前都會待在那裡，還有一個就是國小時，看了電視裡的武打動作，想要和電視裡的大俠一樣有虎虎生風的帥氣姿勢，我會用木頭或竹子削成一把小寶劍，在家人睡午覺時，自己一個人拿著寶劍先跟神明拜拜，接著就在神明桌前上演武俠人物練功的情節，約十分鐘後，我會氣喘吁吁的結束，拿著寶劍跟神明鞠躬，再把寶劍藏在神明桌下面，希望神明加持，讓我的功力大增。

被狠K後得來的零用錢

小時候家裡沒給小孩子零用錢，爸媽認為有給吃飯錢就好，但是柑仔店的誘惑實在太大了，有零食可以買、電動可以打，還有各種動畫人物的貼紙蒐集小冊子，買了冊子就要買更多的周邊商品，周邊商品裡會有拼圖的寶藏，如果拼圖寶藏可以將冊子裡的其中一頁湊齊，就可以去柑仔店換禮物。

這些零食、電動、遊戲都太吸引人了，小孩子哪裡能克制得住，可是身上沒錢怎麼辦？我就去偷拿爸媽房間裡的錢。一開始先偷一點點，他們沒有發現就愈偷愈多，一來可以在同學面前裝闊，一來也可以蒐集到自己喜歡的動畫人物紀念品，甚至有時候還可以買稍微大一點的模型玩具。

有一次，我幫媽媽到便利商店買沙拉油，一打電動就忘了時間，哥哥來叫我回家，還對我說：「你慘了，ㄅㄚㄅㄚ很生氣。」

一到家，爸爸就問我：「你去哪裡？」

我說：「去便利商店。」

他問：「去那裡幹嘛？」

我說：「在……嗯……」

他說：「在打電動ㄏㄡ？」

我說：「嗯……」

他問：「錢哪來的？」

我說：「自己存的。」

他說：「自己存的？是不是拿我房間裡的？」

我：「……」

他：「被我捉到了ㄏㄡ，還不承認！」

當然，我被結結實實打了好一大頓，這次真的被打得很慘，還跪了算盤。可是從此我們三兄妹每週開始有零用錢可以用了，革命真是需要一點犧牲的。

國小時我的運動神經很好，愛表演又愛找人打架，功課不太需要看也能考前幾名，畫畫也畫得不錯，老師和同學都叫我「臭屁王」，但是他們喜歡我的表演，我除了會倒立，還會翻筋斗，能為班上出點風頭。

但學校的科目中最困擾我的是社會科，我都聽不懂老師在說什麼，真是奇怪。上數學課也很悽慘，同樣的題目只是換了數字卻要一直算，這讓我覺得很無聊，就開始分心。

音樂課是我胡鬧的課，我都會亂唱，所以常常被老師叫到教室外罰站。現在我有點後悔當時的胡鬧，因為我有點音痴而且連簡譜都看不懂。

看漫畫書是我的最愛，尤其是小叮噹（現在叫「哆啦A夢」），爸媽滿支持我們看漫畫書的，因為書裡有豐富的想像力，我常常看得不想睡覺，就躲在棉被裡用手電筒看漫畫。說也奇怪，我一直沒有近視，視力維持在右眼1.2、左眼1.5。

小時候就知道叔叔是臺灣京劇界的有名人物，也因為他的介紹，讓我知道竟然有學校是在教翻筋斗的。

每到暑假，我幾乎都回屏東，屏東地方大又有取之不盡的武器材料。我常常跟著堂哥、堂弟到處跑、到處騎腳踏車，還會削竹子當弓箭來玩，試著想把天上的鳥射下來，但是從沒射到過；也會用竹子當釣竿、尼龍線當魚線、把鐵釘弄彎、挖出蚯蚓當餌來釣魚，結果當然是釣不到的，魚一看就知道那是笨小孩子自以為釣得到魚的方式。

雖然我的運動神經很好，但我在家裡常常一個人躲在角落發呆搞憂鬱（妹妹也常這樣說我）。有一次，爸媽的一個算命朋友到家裡做客，爸媽就問他：「這個小孩臉色青青的，在家裡也不太說話，對功課又不是很有興趣，以後怎麼辦？」那位算命仙說：「不用擔心，你們以後就靠他了。」

我叔叔黃志生是臺灣京劇界有名的人物，在他的介紹之下，爸媽才知道有所學校是在訓練表演者的，他們問我：「有一間學校在教翻筋斗，你要不要去？」

我既疑惑害怕又覺得有趣的點頭說：「好啊！」

時間之旅日記

2010.7.15（四）

新竹

內湖

這裡是我小學的母校，有改變不大的地方，也有改變很大的地方。不知道為什麼，我深深覺得慶幸：我沒有改變，我仍做著小時候最喜歡做的事。

好深好深的心裡情緒，今天確實有點消化太多的回憶。回到小學的母校新竹內湖國小學校旁的菜市場，小時候偷家裡的錢去光顧的柑仔店、學校對面的冰果室、上學時爸媽將我們放下車的地方、放學時走回家的路、回到家時和鄰居在家門前玩耍的空間。有改變不大的地方，也有改變非常大的地方。

記得以前放學，哥哥帶著我和妹妹走回家的那條路是一片竹林，現在則是高速公路的上下出口，柑仔店現在也沒有以前的玩意了。我以前會買快打旋風的蒐集本，是要買一本本子，然後要買它的附屬商品，打開附屬商品，裡面會有一張要貼在本子裡類似拼圖的東西，假如可以將完整的一頁（我記得分成六小張）蒐集完成，就可以得到那一頁裡所寫的禮品，再拿去那家柑仔店換。柑仔店裡面也賣各式各樣的零食：有糖水條、QQ條、草莓口香糖、米麩粉（用黃色小袋子裝在裡面可以用吸管吸的一種零食）、一顆一顆的深咖啡色用氣球裝在裡面的奇怪零食，還有很多玩具像 Deu Deu（羅馬拼音，一種塑膠的公仔玩具）、各種顏色的彈珠。

回憶真是令人感傷。

我上小學時很皮，喜歡找人打架、找人玩彈珠，很愛現、愛運動，活脫脫像是一個會混幫派的小孩子。但我的功課並不會不好，我不太認真看書有時都會是前三名（這是真的），但社會課老師在講什麼，我真的聽不懂（很怪吧）！

哥哥是我小時候的偶像，他功課好、運動好、朋友多，小時候升旗時他常常上台領獎，又要帶我們回家，根本就是個一等一的厲害小孩。

到現在來說，只要是我和妹妹有事相求，他都會二話不說的幫助我們，在我心中，他是世界上最好的哥哥。但我小時候常跟他打架，因為我喜歡打架也喜歡找他碴。

說起我妹，她也是一絕。我也常跟她打架而且打得很凶。我不知道她為什麼還會活下來，但她就是活下來了，而且現在是我很重要的心理諮商師兼顧問。

小時候爸爸很疼我妹，我和我哥常常氣得牙癢癢的（也許只有我），總之因為我妹有靠山，所以我討厭她（我是很標準的死小孩吧）。現在，她在我心中，卻是世界上最好的妹妹，無人能取代。

左邊這家便利商店，就是我小時候常去光顧的柑仔店。

我拍到柑仔店的時候，我先詢問一下可否拍攝，老老闆正坐在裡面跟朋友吃小菜喝酒聊天，他們就跟我說起了這家店的歷史（我心想，我不是電視台啦！）

老闆說（臺語）：「我七十二歲了，日本時代，美國跟日本大戰，有兩顆炸彈炸到這裡，就是你現在站的這塊地，這裡的街道從日本時代就沒變過，最近政府將這裡規劃成老街，結果路鋪一鋪之後也沒聲沒息！」

……

拍到建銘社區時，到了以前我們家住的地方，屋主走過來跟我說話，他是一位很老了的先生，老婆剛去世，是在前幾天騎車去上班的路上被人開車撞到的，後來他拿了老婆的照片給我看。快樂與心酸的回憶。

連老天爺都不希望太常有人去打擾這塊少有的淨土。老天爺覺得這個地方太吵時，就會起霧，飛機就不飛。到了這塊土地，不只他們的歷史你不是很了解，他們的生活方式也讓人感覺一種神祕的距離感，縱使我們都是同一個國度的人……原來，我們彼此都不太了解對方。

綠島　商人○島

來吧，旅客！本島專為你的消費而設計，坐船要錢、機車要錢、住宿要錢、洗溫泉要錢、浮潛要錢。你要的服務，本島應有盡有……

連便利商店都比較貴……

第参章

當心找到方向。

拓荒者不是第一個看見荒的人，而是第一個敢拓荒的人。

為天賦找到訓練的地方

國立臺灣戲曲學院以前叫國立復興劇藝實驗學校，這所學校不是想念就可以去念的，必須參加入學考試。它的學制是八年，從國小五年級十歲讀到高中畢業十八歲，爸媽幫我報名了這所學校。

現在回想起來，我覺得這是爸媽給我最好的教育，十歲那一年，為我的天賦找到訓練的地方，這絕對是不輸在起跑點上最正確的方式。

考試當天，很多小朋友衝來衝去的和我很像，但是我和他們不一樣，他們衝衝撞撞的，我則是有我自信的招數。早上考學科，難熬的時間總是過得比較慢，我不是不會寫，只是與下午的術科考試相比，時間感真是天差地別。考試的過程並沒有那麼順利，發生了一點點的小意外。

在術科考試前一個小時，剛吃完午飯，所有等待考試的小朋友在一樓的大教室玩，我也不例外。當我玩完回到媽媽身邊要坐下時，突然覺得膝蓋一陣疼痛，原來我的膝蓋被一個鋁罐飲料的拉環給割傷了，傷口有兩公分寬，我很膽小，看到傷口感覺有點暈，媽媽看時間還來得及，火速帶我到醫院縫傷口。

等到我下午考試時，膝蓋還有麻藥。媽媽交代我在考試時要跟老師說，剛剛才去醫院縫完針，可能會影響表現，希望老師了解。可是我一進去就把這件事忘得一乾二淨，滿腦子只想著要做得比別人好，考試項目對我來說一點都不難，就像我已經學會了除法，但考試內容只考一數到一百，這對我而言實在是易如反掌。

術科的內容有閉上眼睛的單腳站立平衡、跳上一個矮桌再跳下來、踢倒立到老師手上（我心想可不可以不用麻煩老師）。

考完術科，接下來是面試，我努力回想媽媽要我說的話（要我死記東西最困難了）。當面試的老老師問我：「為什麼要來念這個學校啊？」

我說：「因為我喜歡，我叔叔是會表演的、會翻筋斗的……」

老老師問：「叔叔是誰啊？」

我說：「……我不知道名字耶，反正他很有名，你應該知道……」

老老師回答：「這樣喔……」

（我覺得我慘了，應該考不上了！）

回到媽媽身邊時，她問我：「面試的時候，有說叔叔的名字嗎？」

我說：「嗯……有吧？」

媽說：「好棒！回家吧。」

我問：「回家？」

媽：「對啊！」

我：「什麼時候知道考上？」

媽：「還沒啦，要等一陣子。」

（我原本以為考完後，如果考上就會直接留在學校，看來是虛驚一場。）

後來爸媽告訴我，這所學校要念八年，要住在學校裡，但是每個禮拜六都可以回家。學校裡沒有電視、沒有漫畫書、沒有爸爸媽媽在身邊會很辛苦，每天早上五點半起床就要練習到晚上八點，老師可能還會打人……他們問我要不要打消念頭，現在後悔還來得及。

我不確定的說：「不後悔。」

後來，放榜通知來了，上面寫著爸媽不意外的結果：黃明正考取。

爸媽再問我一次：「要不要放棄？」

我緊張的說：「我想試試看。」

正式展開劇校生活

在與相處四年的小學同學，以及三個我喜歡的女生說再見之後，開始踏上我的雜技藝術之路。

第一天報到，是領棉被、盥洗用具、制服，還有校園巡禮。寢室的安排是男女分開住，男生五年級新生住在一樓、高中部住二樓、國中部三樓、六年級住四樓。再來就是參加一些家長座談，我看了看環境，沒有想太多，但當爸媽要離開的時候，我哭了，停不了，因為覺得他們一離開，就要很久以後才見得到（其實也才一個禮拜），我感覺世界要末日，感覺快要死了，感覺再也看不到他們了，感覺他們拋棄了我（明明是自己的選擇）。

我說：「我後悔了。」

爸媽說：「來不及了，小朋友。」

我想說自己怎麼一點男子氣概都沒有，但那時就是不自覺的一直哭。

爸媽離開了，教官安慰我。在這所學校裡，教官的角色很重要，舉凡學生的食、衣、住、行、安全都要管。教官所在的訓導處的地位也很特殊，除了教官、訓導主任外還有輔導員，學生之間有事要協調、需要安慰、要領寄放的零用錢或是家長打電話來學校找學生，都需要到訓導處找輔導員。訓導處就像行為管制處加保母室加學生微型銀行。訓導處還有一個重要的功能，每天晚上八點宵夜吃的麵包牛奶都要到這裡領。

第一天晚上，我哭到睡著。

第二天晚上，學長們開始給我們下馬威。

所有男生宿舍的人都被叫到五樓的樓頂集合，高三的學長是最大的學長，聽他大吼大叫的說著，看到師哥要叫師哥好，看到師姊要叫師姊好，在學校學長最大……等等，把我們嚇得都不敢動。突然有個國中的學長頂撞他，馬上就被帶到旁邊去毆打，那個國中學長被打得很悽慘（長大後才知道這一切都是演出來的），把我們更是嚇得不知如何是好。打完後，大學長又說了一些規矩，原則就是學長說什麼就是什麼，敢「擺道」的就會倒大楣。

學長學弟制是這所學校很特殊的生活文化，說得簡單點就是學長姊走在路上可以踹我們，如果我們敢吭一聲，就倒大楣了，甚至可能會連累全班一起被懲罰。

父母不在身邊，我的學校生活籠罩在一股不安定的氛圍中。學長下完馬威，在輔導員的一聲令下，放我們回寢室睡覺。這時，我又開始哭了。我每天晚上哭的狀況，總共持續了半年。

在淚水和汗水裡養成的技藝

早上五點半起床，對小朋友來說是件很痛苦的事。

五點半時會先聽到寢室傳來鐘聲，由大學長擔任的寢室長開燈（通常是高中部的大學長擔任，負責照顧一個樓層學弟的安全，並與輔導員互相照應），再來是輔導員或教官的廣播：「現在是五點三十分，請同學起床，請於五點五十分離開寢室到操場集合。」

接著，輔導員或教官就會進入寢室吹哨子，還沒起床的人，棉被就會被掀開，賴床的會被罵，繼續賴床的人，輔導員會拿棍子敲打書桌發出巨大的聲響，不然就是拿哨子後面的繩子咻咻的打下去（超痛的），在二十分鐘裡必須將棉被摺好、刷牙洗臉、完成服裝整理、練功的腰帶和道具也要帶著。

五點五十分到操場集合點名之後，各科帶開到指定的場地去做早操（學校當時有京劇科、綜藝科、音樂科）。學京劇的就到走廊上喊嗓：「ㄧ——，ㄨ——」音樂科的跑完步後，就到教室練琴；綜藝科的則是做暖身操和跑步。

各科做完暖身操，就各班帶開，早上的練習叫做早功，時間是早上六點到七點半，一週早功的課程有武術（武術站樁）、體操（體操翻滾、肌耐力）、舞蹈（芭蕾舞、民族舞），除了要早起與上舞蹈課之外，大部分我都很喜歡。

辛苦的練習完早功，七點半到八點自行到餐廳吃早餐和整理內務，吃完早餐就參加升旗典禮，升旗完要打掃校園。八點半又開始上課，上午的課一直上到十二點。

上午的課比較常是學科，在這裡，學科的比重大約占了課程的百分之三十，可以說是很少，不過國小時老師還是盯得滿緊的，該會的還是要會。但因為我們都要早起練習，上學科睡著的情形很正常。最平靜的時候，幾乎都是上學科的時候，你從講台往下一看就知道了。

上午上完課，大家就要到餐廳前面集合點名，所有人到齊後，再由高年級依序下餐廳吃飯（餐廳在地下室一樓），那是一個很大的餐廳，可以同時供四百人用餐。我們是六個人一桌，每個人輪流裝飯，所有人裝好飯再一起開動，如果有人太吵，教官還會叫我們停止動作，所有人不准吃。常常吃到一半，會被學長用眼神叫去幫忙盛飯，如果稍有遲疑學長會說：「懷疑啊！」中午就會被他叫到床旁邊罰站，當然也不是每個學長都這樣的。

吃完中飯有水果可吃，多餘的還可以帶回寢室吃。回寢室午休是到一點半，可是我們都不太喜歡回寢室休息。國小時就算在寢室裡大多也是在壓棉被，因為棉被要摺得好，需要把棉被壓得扎實一點，不然摺起來就不好看。

不喜歡回寢室的原因有幾個，常常樓上的學長會傳下來一句：「樓下的猜拳，上來一個！」這時候就會看到所有人在猜拳，猜輸的人就得上樓服侍學長。有的學長需要按摩，有的需要幫忙買東西，有的要幫忙泡麵，有的則是要學弟去做手工藝、幫送情書和傳話。

平時中午被叫上去三、四個，已算是很平靜的了，巔峰時甚至幾乎全班都在樓上服侍學長；如果遇到全校一起洗床單，那就更辛苦了，全班當然都先在樓上幫學長裝棉被套和床單套，再下樓裝自己的，耳邊又會不時傳來學長的吆喝：「樓下的猜拳，上來一個。」等整個弄完，又差不多要上課了。

中午時間若只被拿來服侍學長算很幸福的了。如果我們被別人告了狀，全班還會被學長叫上樓，他們會邊罵髒話邊說哪個老師說我們在哪堂課不乖，或是有哪個學姊反應我們不禮貌，接著就開始打或處罰我們。如果有人哪堂課特別不乖或被學長姊指名的，學長還會叫那個人出來「特別處理」——殺雞儆猴。

被罰的方式有很多種，比如半蹲半小時、交互蹲跳、伏地挺身不准起、將頭靠在櫃子的尖角腳往後踩、倒立、被學長的棍子K（有一次我被某個學長打頭，差點昏倒了）、互相打架或是所有人打一個人、一直被學長踹。

午休時也千萬不能吵到學長睡覺，一次同學中午經過二樓太吵，全班就被學長叫到樓上用藤棍打腳底板。還有一種最簡單的處罰，就是所有人在學長床邊罰站。有時學長午休醒來時會說：「你們怎麼還在這兒？我剛剛忘了叫你們回去嗎？」

午休時間結束，鐘聲一響，接著就是下午雜技術科時間，我們叫「二功」時間，主要的訓練內容就是雜技。對很多同學來說這個訓練是地獄，對我來說卻是一種期待，雖然訓練過程非常痛苦。

術科分為兩個階段，第一階段（下午一點半到三點半）由比較年輕的老師操練，他們負責翻滾、倒立以及底座（疊羅漢的大力士訓練）。第二階段（下午三點五十分到五點二十分），腿和腰都要夠軟，翻滾才輕鬆；倒立要會表演，可塑性才高。

訓練腳的柔軟度有很多方式，其中一種叫做「撕腿」。方式是先平躺下來，老師固定住我們的上半身及另一隻腳，把剩下的那隻腳拉直往上硬扳，此時腳筋會非常燙、非常痛，感覺腳筋快被撕裂了；老師會扳動三個角度，一個正面、一個側面、一個交叉面，所以腳筋撕裂感會發生三次，但卻非常有效。結束時早已全身是汗（其實瞬間就冒汗了）。

有一個腰部訓練也很有趣，叫做「盪腰」。老師會把一隻腳放在板凳上，另一隻腳站在地上，讓我們把腰躺在他的大腿上，呈現只有腰躺在老師大腿上，上半身及下半身垂下來的樣子。這時老師的兩隻手分別會按在我們的胸口下方及兩隻大腿上，口中喊「一、二、三」，數到三時，我們要配合吐氣，老師同時把兩隻手往下壓，此時會聽見腰部骨頭發出清脆的「喀啦」聲響，結束後我們落地時，身體會癱軟一下下，過一會才會恢復。盪腰雖然不像撕腿那麼痛苦與長時間的煎熬，但還是很讓人恐懼。我們排隊等著被「喀啦」，不像排隊買電影票那般快樂。回憶起來很有趣，但當下經歷時是很恐怖的。

倒立當然是大多數人都不會的事情，即使我天生就會，但離能真正表演還有一段距離。倒立的訓練過程也備極艱辛。老師會設定時間，一開始大約是三十秒，等大夥都會倒立的基本動作後，開始一分、三分、五分的往上加，一直到十分鐘，每個階段都是突破自己。但小孩子哪懂得「突破自己」這種自我期許，訓練時受不了、撐不住了，不是頭落地掉下來就是摔下來，此時老師給的不是鼓勵與安慰，而是棍子伺候，打到你再倒立為止。

有一種「記帳」的方式，掉一次打五下，十分鐘過後，休息時間總有人排著隊，跟老師報數說出要被打幾下，接著聽見藤條「咻咻咻」劃破空氣的聲音，再來就是「啪啪啪」一下又一下打在身體的聲音，一直掉下來的人會被老師狠「咻」一頓，或是直接用繩子綁在腳上吊起來，一直吊到下課為止。

也有一種連坐法的遊戲，就是一個人掉下來一次，所有人就加十秒。當然大家一定會罵掉下來的人，而且是一把鼻涕、一把眼淚的一起罵著那個已經被虐待得不成人形的同學。

這樣的撕腿、彎腰、倒立十分鐘，只是暖身，不過也是最痛苦的時候。撕腿時的哀號聲、彎腰時骨頭喀啦聲、倒立時的痛哭流涕，以及地上一灘灘的汗水與淚水混合物，是每天必經的過程。

艱辛的基礎訓練

學校會依體型來分練習項目，體型較高大的，練習完基本的柔軟度和倒立之後，就會去練習疊羅漢，也就是肩膀上扛人的訓練。我是屬於體型較小的，主要練習的是倒立與翻滾，大小體型互相配合，才會有更多元的表演內容。

老師除了訓練我們的基礎外，也要處理生活上的重大問題。團體生活中很容易發生偷竊行為，往往也查不出來。從貴重物品錢財，到牙刷、衣架、水果，都在被偷的範圍。有人連拖鞋也偷，偷了還會改裝到讓人看不出來。也有過集體被偷竊的事件，大夥回寢室時，發現大家的櫃子都被撬開了。

一般的小錢，大家或許不會很在意，但一次有個女同學的錢包被偷了，裡面有好幾千塊，這對一個讀國小而且離開父母的小孩來說，可能就是一個月的零用錢。錢包在我們班的男生宿舍裡找到，老師覺得事態嚴重，加上偷竊的情形愈來愈常發生，不得不處理了。

那一天，暖完身沒練功，老師決定實行「打通堂」的調查手法。方法很簡單，老師準備好五枝藤棍，男生一個個排隊，輪流趴在長板凳上，老師會用力的拿藤棍往屁股打下去，打完一輪會問所有人一次：「有沒有人要承認？」沒有人承認就繼續打，打到有人承認為止。

打了五輪之後（打第一輪時，大家已經哭成一片了），老師看所有人都被疼痛逼得受不了，開始實行「你覺得誰是偷錢的人」的心理戰。經過抽絲剝繭的盤問，大家一致認為是A同學偷的，因為他的心虛，加上有目擊者看見他的可疑行徑，A同學不得不俯首認罪。老師很生氣的打了他好幾下，A同學摀著疼痛非常的屁股，對哭成一團的我們道歉，也對被偷錢的女同學道歉。那個下午就在被打與痛哭中度過。被打完的兩個禮拜裡，大家的屁股都變成了「五花肉」，也不太能坐椅子。

老師以前也是這樣長大的，他知道這種方法有效，而且查出凶手的同時可以嚇阻偷竊的再度發生。果然，後來偷竊的問題減少許多，但也只能維持一陣子而已。

辛苦練習兩個小時後就是休息時間，也是打掃時間。術科老師會帶著我們到福利社買東西吃，練習時有大進步的，老師就會請他吃東西，小孩子很快就會忘記剛剛的受苦受難。

第二階段的術科時間是下午三點五十分到五點二十分，這個階段訓練的是下腰、踢腿與雜耍時間。雜耍時間大家都滿開心的，與前一階段的課程相比，這堂課快活許多，其實也和老師有關，上一堂課的主要授課老師都是二十幾歲的年輕人，負責的是學生最重要的基礎；而雜耍課的老師年紀都較大，稍微和藹可親一些，但如果我們表現不好，中午時學長就會把我們叫到床前……

練習完下腰、踢腿的動作，大部分的同學都在練習丟球、丟圈圈，女生則是練習轉盤子、扯鈴。我比較特殊一點，老師會叫我到他身邊，讓我繼續練倒立，老師知道我很有天分，讓我多練習。

在學校裡，倒立很厲害的人通常會是表演的主角、學校的風雲人物，老師也會因為有這樣的學生而覺得很有面子。有倒立天分的人不多，老師看我喜歡練，也樂意進一步指導。這樣的師徒關係是很密切的，看在很多同學的眼裡就滿礙眼的，因為老師會特別照顧我。大部分同學離開家裡來學校練習，並非出於自己的意願，在家人不在身邊或不常見面的情形下，老師的寵愛就變得格外重要。

小時候的我不太懂得這種嫉妒心，加上才剛離開家裡，我整個人都很安靜，也沒怎麼在交朋友，我一心一意在練習倒立上。但同學的嫉妒心一天比一天還強，漸漸出現一些反我的行徑，他們之間開始流傳關於我的壞話。

那時，我也很難和同學聊天，因為訓練過程中只要達不到老師的要求，就會招來棍子伺候，比如翻筋斗腳不夠快，他馬上會揮舞棍子強迫我加快。只要夠快就沒事，不夠快就會被打到；進步不夠快，老師也會處罰。另外，我也很難跟同學聊說，我一下子就學會了，而且覺得很開心。只要我這麼說，無論態度如何，同學就會開始說我很臭屁，自以為了不起；

進入臺灣戲曲學院就讀，不但讓我的天賦找到訓練與發揮的地方，也讓我贏得許多榮譽。

我選擇不說話，同學就傳我很驕傲。

雖然第二階段的老師年紀較長，但是處罰時並不會比較心軟。有一次全班外出到醫院檢查，在遊覽車上和在醫院都太吵鬧了，隔天，老師罰我們下腰一個小時，這簡直就是酷刑。因為在正常情況下，下腰五分鐘已是非常恐怖的了。那一個小時裡，大家又哭又求饒，有個同學的身體扭曲成奇怪的形狀，不像下腰也不像躺下，他躺在自己的手上，看起來像下腰，我們看著他邊哭邊笑。還有幾次也是因為到外面太吵，被罰倒立一個小時。

下午的術科上完，五點二十分，一樣先到餐廳前面集合再下餐廳吃飯。吃完飯休息到六點半。

吃完飯，我們都會衝去訓導處外面的公布欄，看看今天自己的內務是被打圈（○）還是打叉（X）。內務也要打分數，棉被要摺得像當兵摺的豆腐乾那種形狀，床下的鞋子、臉盆要放整齊，桌子要乾淨，弄不好就會被教官或輔導員打X，到晚上就得受到處罰。如果得到很多X，處罰就會加重，被打○的人會有榮譽假，可以放假或者記嘉獎。內務打分數也是小時候生活的一個重心。

晚功課程上到八點十分。八點十分下課後，別以為沒事了，除了各年級按照學號派代表到訓導處領宵夜（麵包及牛奶）外，內務不合格被打X的就要抱著自己的棉被跑操場，跑完操場還要練習怎麼摺才能摺得好，否則每天晚上就得抱棉被跑操場了。

被罰跑完操場後，會有關心師弟術科好不好的師哥，他們會召集一些他們覺得術科不錯的學弟到寢室特訓，特訓的內容就是倒立、肌耐力和扛人。有些師哥會趁這個自由時間的空檔，找白天看不順眼的師弟到寢室修理。我們在這段時間裡除了罰跑操場、超人特訓班之外，還要把澡洗好、洗好自己的內褲和襪子。當有空檔時，想吃宵夜有時還會吃不到，因為有同學會多吃，或是即使有得吃，但是麵包裡的餡料已經被師哥吃掉，只剩下麵包皮可以吃。所以我們都盡可能在八點十分第一時間，將麵包牛奶領到，馬上藏在櫃子裡。

沒辦法打電話回家時，就是我的世界末日

我會趁著空檔打電話回家。每天打一通電話回家的習慣，一直維持到高中。在國小兩年的生活裡，我幾乎每天打回家都會哭，因為我很想家，所以會講很久。我身上會有小紙條，上面寫著今天發生的一些事情，我會一一的跟媽媽說，請她幫我判斷該如何面對，或是聽聽她的安慰。

其實也不能講太久，因為後面有人排隊。如果遇到晚上有太多事情，沒辦法打電話回家，或是有人講電話講太久時，我會很焦急，感覺世界末日要來了，於是就會想方設法掐一些時間偷打電話回家。

晚上九點半所有人大集合，等教官或輔導員點完大家的名字、交代完注意事項，再回

寢室準備十點鐘熄燈睡覺。

九點半到十點鐘之間，如果我們白天沒犯什麼錯（上課不吵、內務沒有太多人有問題、沒有被師哥看不順眼、打掃得乾淨、沒有太多東西被偷），就可以平平靜靜準備睡覺；如果有事，就要集合罰站、處罰結束後才能睡覺。當然這個平靜的時間，仍不時會出現「樓下的猜拳，上來一個」的聲音。

小朋友當然不會安分的睡覺，寢室太吵時，我們又會被叫起來罰站或是跑操場。睡得安穩時，學長有時會扮成鬼來嚇人，或是叫我們上去幫他按摩。

當然，也不是所有的師哥都那麼恐怖，其中還是有善良的，他們會主動來關心我們，有沒有不適應或是需要幫忙的地方，在我們被其他師哥修理時，會過來阻止一些太嚴重的處罰。但是就整體環境來說，媳婦終於熬成婆了，這些師哥也是這樣被對待長大的，現在換他們有資格這樣對待師弟們，對他們而言，這是他們熬過來的代價之一。

時間之旅日記

2010.3.27（六）

臺東

卑南「阿尼色弗青年之家」

南京路附近

觀眾絕對看得出來，你享不享受自己的表演，那無關乎華麗的服裝與炫耳的聲光。能感動他們的往往是最基本的東西——態度。

到這樣的機構表演，我能啟發他們什麼呢？我不是偉人，也不是做偉大事情的人，我只是一個平凡的人，幸運的做著喜歡做的事情而已啊！

我能分享什麼給他們呢？

聽到機構志工提到「保護個案」的情形時，我又多認識了一個這個世界的角落。

保護個案的小朋友或大朋友是因為家庭或環境有了變化，迫使不能讓他們的近親知道他們的所在地，所以一個機構的保護個案常常是從臺灣各地分配來這裡的，他們的身分不能曝光，肖像不能外流，不能隨意外出。因為他們是保護個案。

聽完之後，我頓時覺得：自由原來這麼難得。雖然我成長的過程不是沒有風雨，但是如果我的家人不能找到我，那樣的心情會是怎樣呢？

人家常說，家是最後的避風港，這些孩子的避風港是哪裡呢？他們需要思考及面對的問題確實比別人多。

什麼是真正的自由？

每天做著不是興趣的工作，但是假日時有錢花用是自由？

每天計較東計較西就為了多賺一點錢，比別人多占點便宜是自由？

每天做著自己喜歡的事情，但賺的錢很少是自由？

每天可以去逛街，但是卻常跟家人吵架要錢是自由？

每天吃飯、上班、上學、下班、吃飯、洗澡、睡覺是自由？
每天不需要看到不喜歡的人事物是自由？
每天受到保護不會被傷害是自由？
每天吃飽喝足想到哪裡就到哪裡是自由？
每天遠離會傷害自己的人事物是自由？

我發現我很自由，早在十八歲時，父母就支持我想做的事，我做著我想做的事，當我發現愈來愈多人羨慕我的自由時，我明白我的自由可以分享給別人，甚至我更應該珍惜我的自由，代替更多沒有自由的人去完成心中的自由，我的表演可以讓他們暫時忘掉不自由的不暢。

這是我今天發現可以分享、可以啟發他們的東西——關於自由自在飛翔的快樂。等他們長大，也許有一天會回想起，曾經有個人勇敢的自由飛翔並飛到他們面前，他們也可以多點勇氣飛向自己想要的理想世界。當心找到自己的方向，那是真正自由飛翔的時候，希望今天的表演可以對他們有幫助。

原以為，家庭的傷害會讓他們的笑容不見，但是他們似乎可以跟傷痛共處，選擇快樂的繼續過下去。

從他們身上。我感覺到自己要多跟他們學習，因為他們即使沒有自由，仍勇敢的面對這個世界。想到這點，我就覺得多了很多力氣，我就覺得我更不能抱怨，我就覺得我自己真的很幸運。

今天是禮拜六所以要賺錢。但是……似乎沒什麼地方是有很多人的。開車在臺東市繞了繞、看了看。發現麥當勞對面的停車場有捐血車，那裡有一些人，到那裡賣藝好了，至少比較多人，而且，等待捐血的時間裡可以看我表演，捐完血看我表演，血壓也回復得比較快。

表演前的布置，有小朋友過來問我：「你要幹嘛？」

我：「表演啊——」

小朋友：「魔術?!」

我：「不是啦！」

小朋友：「那不然咧？」

我：「特技表演。」

小朋友：「特技？」

我：「對啊！」

小朋友：「可以看嗎？」

我：「可以啊。」

小朋友：「要錢嗎？」

我：「看完投錢啊！」

我在準備時，就吸引了周圍小朋友的好奇，在捐血的爸爸媽媽們也不時的探頭看過來，他們對表演的好奇心很高耶！

表演結束，有媽媽觀眾說看過我在電視上的表演，誇我表演得很精彩！

媽媽觀眾：「（臺語）ㄡ——我有在利菁的節目上看過你，很厲害很厲害，你有上過電視對不對？」

我：「對啊（點頭回應）。」

媽媽觀眾：「我就說我看過ㄇㄟ，你真的很厲害！讚讚讚！」

在臺灣，有多少人小時候知道他們喜歡什麼，長大後卻變得不知道了？

從環島前的籌備期到現在，當我在各地表演時都會出現天使，這些天使會出現在我最需要別人幫助的地方，這些圍繞在我旁邊的小朋友，還有一個喝了點酒的中年大哥告訴我，可以到斜對面那裡表演，因為那裡有固定的小吃攤販會有一些人。接著他們就幫我收拾道具，幫我一起推道具到他們說的地方。

這裡是臺東市人知道的南京路，這裡有固定攤販賣著很便宜的甜不辣以及免費的湯，還有賣蔥餅的，我的表演可以聚集一些觀眾，讓他們的生意好一點。針對這一點我覺得很開心，因為我多少可以幫助到他們。但讓我最開心的是，我跟攤販的大哥大姊們認識了，我們成了朋友，在短短的一個多小時裡，我依偎在這些當地人熟知的攤販邊表演，他們對我的接收度和鼓勵讓我覺得很溫暖。

……

這個環臺計畫最讓我著迷的地方，在於和各地人的接觸，我一次又一次的發現以前所不知道的事情，一次又一次的感受人情冷暖，聽著一個又一個的故事，看著一個個風景，感受這塊土地各種不同的脈動，了解臺灣人對待這塊土地的態度。

阿尼色弗一場，〇元；賣藝五場，三七二〇元。

高雄 暴力之都。

這裡的人不太跟人眼對眼對看，好像怕會惹事……旅人的車子停在路邊遭人破壞，報警處理，警察卻不敢找嫌犯的碴，因為嫌犯家裡好幾屆都是當地的里民代表。到了山上，半年前被土石流肆虐的村子絲毫沒有重建的跡象。土石流不可怕，可怕的是人對人喪失了信任感……旅人街頭賣藝賺錢，標到這次活動的「老闆」，找來政府官員把旅人趕走，只因旅人無法繳交場租，但旅人不須繳交場租……這個地方有著希望自己不輸給北部的企圖心，讓它充滿活力，這裡也有最多層次的日落。

臺南 皇裔之都

空氣中瀰漫著一股尊貴優雅的氣息，這裡的人都驕傲的說著他們古都的故事。

第肆章

Matiz
DAEWOO

革命需要一點犧牲

走在夢想的路上比走在現實的路上辛苦一千倍，
但是快樂一萬倍，因為你的心是自由的。

命運操縱在自己身上

對我來說，很幸運的是，進入這樣的環境是因為我喜歡表演，只要讓我能睡飽，生活上的辛苦倒是很快就會忘記，因為一到術科時間，只要我能感覺身體一天一天有變化與進步，這樣的成就感會掩蓋很多的不快樂。

我的天分被很多老師認可，武術老師希望栽培我成為國手，體操老師希望我辦休學跟著他練體操，舞蹈老師也希望我可以多發揮自己的舞蹈天分。集老師們的寵愛於一身，他們都覺得我很認真且大有可為。

另一個幸運的是，我也遇到好的老師，除了細心教授技巧之外，也教我一些很重要的觀念，比如在練習一些高難度的表演時，老師會提醒我「膽大心細」；當我故意保留力氣來應付龐雜的練習項目時，老師會告訴我：「每個練習都要全力以赴，才能知道自己的底限在哪裡，也才能在看見底限時再尋找進步的可能性，不然永遠無法突破自己。」

生活上的辛苦我可以藉由練習來宣洩，但反觀同學們就沒那麼幸運了，以比例上來說，自願進學校的人真的不多，生活上的壓力和練習時的痛苦該如何找到平衡？除了長大一點找師弟下手外，就是排擠同儕了。這些同學會形成一股勢力，以排擠不能加入他們小圈圈的同學為樂，藉此宣洩自己的不快。我離開家到了這樣一個環境，直接就看到了人性的另一面：人的自我保護產生的互害心理，不管是師哥或是同學都是如此。

最讓小時候的我受不了的還是想家。學校每個禮拜六中午或是隔週的禮拜五晚上放假，我媽媽都會從苗栗（當時我們家住苗栗）開車來臺北載我回家休息。我一回到家立刻就變成大爺，媽媽都會帶我們這幾個小孩去菜市場買很多東西，也會煮很多東西給我吃，問我要不要去買漫畫或租漫畫，或是看電影、吃零食、出外吃大餐。即使如此，我還是常常會跟他們提起想要轉學的想法。

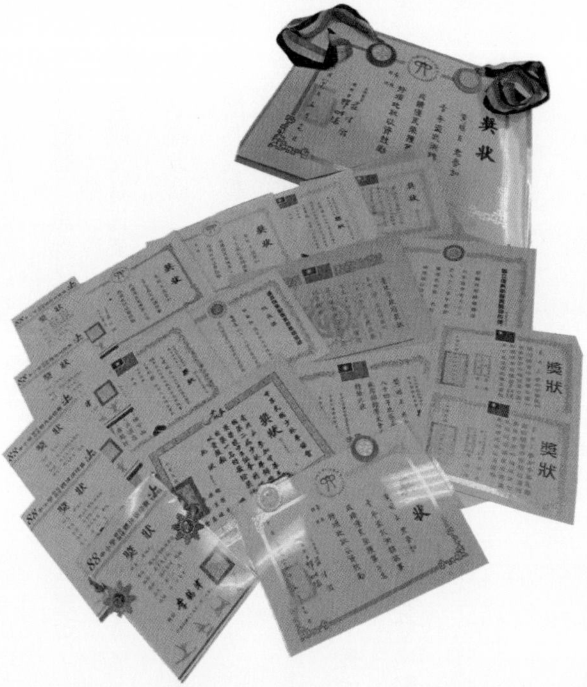

在學校集老師們的寵愛在一身的我，這段期間無論是參加校內或校外比賽，都表現得很出色。

有一次，我強烈表達我想轉學的意願，因為我看到哥哥和妹妹的生活很快樂，而且可以每天待在家，我卻必須離開家，於是邊哭邊說想轉學，不想再待在學校了。這一次的情感表達換來爸爸的強烈回應，他說，如果再提轉學，就要把我打死！我嚇到了，就不敢再提了。只是過了幾個禮拜後，我還是小小的哀求說，實在不想再待在那所學校了。

長大後，我理解了為什麼爸媽會堅持讓我待在那所學校，因為他們知道學習那些表演技藝是我真正的興趣，他們知道這個方向絕對正確。我在練習和表演時的天賦確實無人能及，老師都讚譽、愛護有加，我只是無法適應那種畸形的環境而已。等過一陣子，年紀稍長，度過最難適應的時間後就會好很多。不過，我得老實說，一直到十八歲畢業時，我都不能適應。

星期日收假時，想到又要回到那個不舒服的生活環境，又要離開家了，我從中午就會開始憂鬱，星期天對我來說真是愁雲慘霧。回去沿途聽著車上的廣播，心裡十萬個不願意回到學校。到臺北時已是晚上，爸媽會先帶我去吃大餐，然後買很多水果給我帶回寢室放在櫃子裡（因為我喜歡吃水果）。

面對這樣不舒服的學習環境，我試著跟爸媽說學校發生的事，希望他們可以幫忙改善。由於我的大伯、二伯及叔叔都是在這樣的學藝環境下長大的，爸媽知道這樣的學校文化積習已久，清楚這是無法改變的事實，但他們還是希望能幫我做點什麼，於是就向學校反應。這種情形就叫做「擺道」，擺道在學長學弟制的文化裡是不被允許的。

就在我爸媽選擇性的告訴學校午休時有太多師哥的雜事要做，學校就口頭式的警告師哥們有家長這樣反應，我們就被師哥叫到樓上集合，接著就被處罰了，師哥警告我們，不准再有人攞道，還問了是誰跟家長告狀的，我和幾個同學紛紛舉起手（竟然不只一個！）結果就被特別「照顧」了。

被師哥處罰完後，回寢室換同學罵我們孬，指責我們害大家受罰。其實罵我們的那些同學，才是平時抱怨最多，也是圍起小圈圈排擠別人的那一群人。我覺得很奇怪，這些人平時罵師哥罵得最凶，但在師哥面前卻表現得最乖，有些人還是師哥的爪牙，會幫忙監視同學，並以師哥之名差遣同學去做事。他們在師哥背後說盡壞話，卻在這種時刻覺得自己乖乖的被欺負才是上上之策。

我看不起這種人，但也無可奈何。後來師哥們不會再那麼頻繁的找我們做事情，反而是那群跟在師哥身邊的跟班們變得比較忙了，因為師哥們只敢叫他們做事，真是「一個願打，一個願挨」，不過，師哥比較會照顧他們。

經歷過這樣的事，我知道何謂「惡人無膽」，以及面對奇怪的環境時如果自己願意承受，那環境就不會改變；如果願意硬著頭皮改變，無論多難，還是會改變的，革命還是需要一點犧牲的。

從小在學校，我就清楚看見人生存時會出現的兩種面貌，有人願意隨波逐流、依權附勢，即使沒有自由與自我，但是他會過得比較好；但有的同學像我一樣，雖然會被環境傷害，但是爭取來的自由得之不易，雖然辛苦但心裡有堅定的信念。每個人選擇不一樣，命運是操縱在自己身上的。

忍痛比賽，大開眼界

我早功練倒立，二功練倒立，休息時同學在玩，我則是挑戰自己的極限（練習倒立伏地挺身五十下），同學在耍雜耍時，我也在練倒立，晚上的超人特訓班繼續練倒立。老師告誡我不要走火入魔，我聽不懂。現在回想起來，整個人沉浸在練倒立的世界裡，非常瘋狂，腦子裡只有追趕著自己要的目標，想超越學長、想超越老師，我不知道休息為何物。

我到六年級時已經在學國中程度的內容，甚至接近高中的進度。寵愛、關注滿溢我身，我不想休息，因為我喜歡練習時的感覺，也喜歡被稱讚的感覺，更喜歡無人能及的感覺。常常有學長會「看衰」的跟我說：「小時了了，大未必佳！」我覺得他們很奇怪，無緣無故為什麼要對我說這種話呢？

國小快畢業時，我的身高僅一百三十公分左右，常被也沒長得很高的學長嘲笑說：「看樣子你是長不高了。」爸媽很擔心我是因為隔代遺傳（爺爺身高不高）會長不高，積極帶我去看醫生與吃中藥。也在這個時候，我的右手肘因為練習過度，開始出現不舒服的症狀。

上了國中，並不需要經過特別考試，但要參加評鑑考的考試，只要不是表現太差都會升級。在訓練的過程中，有些同學會因為不適應而轉學。這所學校是公費的，吃、住都算學校，一個學期只要繳一些家長會費、洗衣費用和學生保險費用，總共大約兩千多元，算是非常便宜。即使如此，高壓的練習過程和生活上的學長學弟制，讀起來也不是那麼好受的，因此轉學的情形並不少見。平均一個班入學時約是四十到四十五人；讀完八年畢業的，平均剩下十五個人。

轉學有兩種，一種是學科、操行不及格，自願者是要賠錢的，一年四萬元。如果是國中一年級讀完轉學，要賠十二萬元，以此類推。另一種是術科不適合，這就不用賠錢。以老師的立場來說，還是會盡可能幫學生申請以術科不適合的方式轉學，因為就算學生適合練習但自己不喜歡，也是強迫不來的。

國一時，我被選為參加國際大賽的表演者之一，我很興奮也很開心，此時我的右手肘也愈來愈不對勁了。右手肘雖然疼痛不已，但是去大陸比賽的行程已經定下來，我還是接受特訓。

比賽的項目是扛竿，就是一個人肩膀上扛著一枝立著的竹竿，竹竿高約四點五公尺，另一個人再爬到那枝竹竿上面做一些特技動作。我們的特訓是更困難的，竹竿上有至少兩個人，最多到三個人。同學很羨慕我可以去大陸比賽，甚至有點怨恨，因為班上只有我一個人代表低年級出賽，高中的有四個代表，其餘的是老師們。

這種代表國家的比賽，大家都很重視，特訓的時間裡，我常常會一個人到特訓的地方跟著老師們練習，這在學校裡是很風光的事情。我本來就沒什麼朋友了，這下再因為一段時間的練習，沒辦法跟同學一起，朋友就更少了。幸好寢室裡睡我旁邊的同學，一直以來都是我的好朋友。

國一時代表學校和國家到大陸河北省吳橋參加比賽，比賽項目是扛竿，我們為臺灣贏得了第一面國際雜技比賽銅獅獎。懸掛空中的是我，僅用一條繩索將我抓住的是恩師陳世倬。　　　　（國立台灣戲曲學院民俗技藝系 提供）

我能跟他在睡前好好聊天談心就很開心了。有時我會問他，為什麼同學會遠離我，說我壞話？他說：「反正也不會少一塊肉啊，你還是專心練習吧！不要想太多。」坦白說，如果沒有他的陪伴，我真的不知道該怎麼辦。

比賽的日子來臨了，我們全隊要到大陸河北省的吳橋參加比賽。臨上場很緊張，彩排時我還因此失常呢！等正式表演比賽時，我就漸入佳境了。比賽結果，我們獲得了銅獅獎。

我那時還小，心想只是完成了一件事並沒有特別的榮耀感。長大後才知道那是臺灣第一次獲得的第一面國際雜技大獎。

在比賽過程裡，我看見了世界各國的馬戲特技表演者、魔術師與動物的表演，真是大開眼界。他們都非常厲害，而且比平常看到時更卓越。或許平常看到的表演都是常態性的表演，到了比賽時的表演，大家都是拚盡全力，一旦得獎，身價就會完全不同。比如空中飛人這個表演項目，我們平時最多看到他們在空中後空翻三圈之後，被另一個盪在空中的夥伴接住。但在比賽時，我親眼看見後空翻四圈的世界紀錄，真是嚇傻了眼，大家真是拚了命！

我認識一個大陸吳橋雜技團的小小表演者，他大約只有八歲，卻已經是某個表演節目的主角了。他們表演的是獨輪車技巧，他的腳踝因為練習受傷，腫得跟大人的拳頭一樣大，他還是綁著繃帶上場表演，他從高處翻筋斗落地後，開始一拐一拐的在表演場上跑，我覺得他真是很能忍。媽媽當時有跟我一起去比賽，順便照顧自費去觀摩比賽的同學。她看完他的表演後，馬上跑過來抱著我哭，她說看見那個小孩時，想著我也是忍著手痛進行比賽，她覺得很不捨、很心疼；但也要我學習那個弟弟的勇敢。

時間之旅日記

2009.8.9（日）

臺北

地下街 Y21 出口（街頭藝人表演區 3）

我接受自己寒酸的樣子，但我知道會愈來愈好的。

早上舞團在景美的排練結束後，我發現身體滿疲勞的，很想休息，但是想到在往後的日子裡，應該會出現更艱難的局面，會在更不理想的狀況之下還得表演。所以要訓練自己，在原定的工作天裡，要盡量維持一樣的表演水準，不能三天捕魚，兩天曬網。

其實現在來說，最大的心理壓力是四個管（晃管）的演出，因為自己還沒消化那樣的壓力以及表演所帶來的危險感，所以都會卡在那裡，卡在到底要不要表演四個管的掙扎心理狀態裡。我一定是要克服這個問題的，除了繼續每天的練習之外，要盡快的消化那個動作所帶來的所有不安感。

讓我想要克服萬難繼續下去的動力是什麼？讓我想要繼續下去的信仰是什麼？

我每天都在想這些問題，我似乎知道答案是什麼，不，應該說，我就是知道答案是什麼，只是常常會忘記，要常常提醒自己。

這幾天的表演也讓我學到一件事情，就是「心理準備」。好重要的一件事情喔！特別是四個管的演出。目前為止，都需要在身、心、靈三合一的情形下表演才行。真是寶貴的一課。

今天要謝謝好多人，首先要謝謝Seven，一個常在地下街唱歌的高高女生，她大約有一百九十公分吧，很高很高，皮膚白白的，她是視障。她的歌聲讓人覺得很舒服、很乾淨、甜甜的，被她的聲音包圍起來的感覺會讓你覺得安心。她不是唱匠型的，她是屬於「洗滌型」的演唱表演者，她珍惜可以唱歌的心情你可以感受到，所以她的聲音可以讓人覺得有愛。

謝謝她願意分一半的地方給我表演，謝謝她用麥克風幫我宣傳，沒有她的幫助，今天就沒有什麼收入了，感恩啊！

謝謝一對小兄妹，哥哥大約八歲左右，穿短褲和 T-shirt，妹妹大約六歲左右，穿紅色小洋裝（雖然被她穿得像運動服），他們特地買了綠茶給我喝，真的是太大方了！看他們兩個追來追去的在玩，不時還跌倒，跌倒之後兩個還一起大笑，讓我想起我和我妹妹小時候的情形。

我妹是跟屁蟲，我玩什麼，她都跟在旁邊，連看漫畫和卡通也都是看我愛看的少男和一些機器人系列的，跟他們很像，只是我好像比較沒那麼活潑啦！我比較憂鬱（我妹常形容我眉頭深鎖，站在角落看東西想事情）。

父母有你們真好，你們一定是他們的開心果吧！雖然好動調皮，但家裡有你們一定是多彩多姿的，你們也努力的將在吃飯的媽媽拉來看表演，你們是我的粉絲，願你們平安長大，找到你們有興趣並且有熱情的東西，你們的笑聲真是今晚最好聽的聲音。

今天第一次表演四個管的時候失誤了，因地板是類似大理石的地板，管子掉落在地上很大聲，管理員剛好來巡視街頭藝人的工作狀況，他看到了並且希望我可以表演得簡單一點，而且掉下來的聲音真的很大聲，應該是影響到唱歌的人了。

管理員在跟我說話的時候，我感覺到旁邊店家老闆們臉上的不爽，我想原因是因為店家普遍都不喜歡管理員吧！店面租金又高又囉唆，仗勢欺人，生活不容易啊！坐辦公室的人真是不知道人間疾苦。但管理員說的是對的，我也不想影響到好心的 Seven，而且我確實應該更熟練一點之後再來表演，雖然現在的狀況已經不錯了。

今天會失誤的原因是因為身體不夠暖，心裡也還沒準備好，一切還是自己的問題。後來，表演兩趟之後，我讓 Seven 唱完歌才開始表演，因為我怕觀眾的掌聲打擾到她唱歌，而因為失誤其實我自己好緊張，有很深的挫折感。

最後，昨天坐輪椅的大哥來跟我說話，並且問我剛剛管理員跟我說什麼，後來他跟我說禮拜天最好是下午約二點的時候來人最多了，他說他也是街頭藝人，演奏豎笛，但後來生病了，所以就在捷運站地下街四十一號商店賣樂器，下次要去逛逛。

聊一聊之後，我覺得我真的累了，人潮也少了，他也說他要去抽菸，就請他的幫傭推他出去抽菸了。

繳了一百一十元的停車費之後，開著車子往上走（停車場是地下室），發現好像沒在下雨了耶，姑且去信義區試一試（忘記自己累了），於是快樂的驅車前往信義區。

真的沒下雨了耶！停好車，竟然又下雨了，只好在車裡無奈的等。看著天空，想著只要右下方那片黑色的（以為是沒雲的天空）過來的話，應該雨就停了。後來發現，黑色的部分只是沒有光害的天空，因為新光三越是亮通通的，左下方的區域是住宅區，沒什麼光照射到雲上，所以看起來是黑的。

繳了很貴的五十塊停車費，邊安慰自己邊開車回家。

這幾天在想，我到底選擇了什麼樣的生活啊？怎麼那麼獨特？跟大部分人都不一樣。

加油！加油！為自己加油！一步一步前進，一點一滴完成，到世界各地倒立。

約五場，二七〇〇元。

嘉義 平和之都。

Peace……

澎湖 獨立之都。

他們知道自己要的是什麼，觀光客只要不要太過分，他們都能容忍。他們知道，繁榮都市的虛華留給觀光客糟蹋，但真正的家不容半點汙染。縱使已遭漸漸侵蝕，至少他們懂得捍衛與保護屬於自己的家。

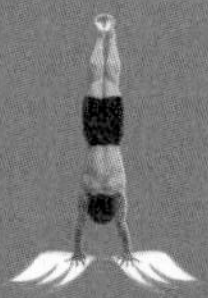

第伍章

表演是一帖藥，敷在多少傷口上。

眼前就是做好每一次的表演，
雖然屋頂不夠高，
雖然地板不穩，
雖然只有日光燈……

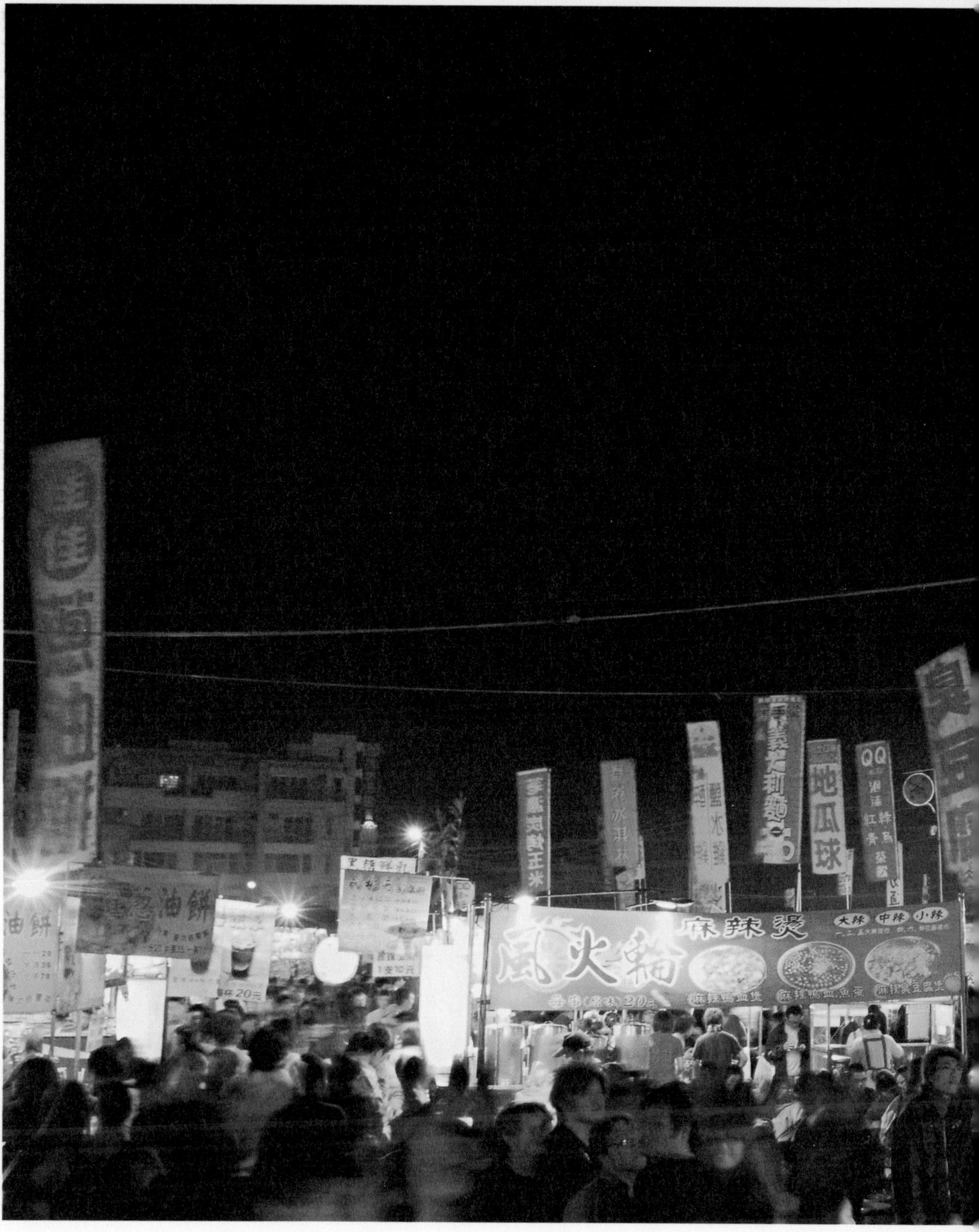

麻辣燙
風火輪
大辣
中辣
小辣
地瓜球
QQ
油餅
1支10元

身體受傷了，就像豹沒有利牙與爪子

回到臺灣，我的右手肘愈來愈痛，變得只要稍微握緊拳頭就痛，伸不直、彎不起來的情況更嚴重了。媽媽帶我各處求醫，都查不出原因，直到看了一個名醫，做了很多檢查，他說右手肘軟骨纖維化，軟骨碎裂在手肘裡，所以才會劇痛；伸不直、彎不起來是因為碎裂的軟骨卡在手肘的骨頭中間，他對這種碎裂受傷的情況感到不解，媽媽跟他說，是我練習過度了。醫生就問我們要不要開刀？

為了謹慎起見，我們再去看其他名醫尋求「第二意見」。有些醫生說不用開刀，等發育到十八歲的時候，就應該會好起來；有些醫生說打針可以減輕疼痛，可以將手肘裡的一些液體抽出來就會比較好。每位醫生的檢查、診斷、治療方式都不同。媽媽就問我：「你覺得呢？要開刀嗎？還是等你長大，可能自己好？」

我想了想，不開刀要等好久，而且也不知道會不會好；可是醫生也說開了刀不見得完全好。我就在不知如何是好的恐懼裡回媽媽說：「開刀吧！我希望可以快點開始練習。」

麻醉藥發作時，耳邊的聲音漸漸模糊，不知昏迷多久，我被痛醒了，這才察覺開完刀，手上也已打上石膏。大概是麻藥退了，好痛好痛，我邊哭邊聽護士安慰我，她似乎幫我打了一點止痛藥。接著媽媽進來了，陪著我回到住的病房裡。

半夜，我痛得受不了時會對媽媽發脾氣，吵著要打麻醉藥，媽媽耐心的跟我說不能一直打麻醉藥，要不然傷口不容易好，最後還是被我吵到不得不去找護士。有時媽媽會騙我說護士不在，叫我要忍痛。為了我好，她再心疼也得叫我忍。

在醫院的日子雖然逍遙，每天不是吃就是看漫畫，媽媽也一直問我想要買什麼、吃什麼，但是我心裡始終有壓力，不知會恢復得如何，不知會變得怎麼樣？開完刀，心情更差，傷口又疼痛。離開醫院後，回家靜養了一小段時間就回到學校。原本以為，經過生死關頭的我，應該會有很多老師心疼的關愛，結果迎接我的不但不是溫暖關愛，卻是一雙雙冰冷的眼神。

原本老師眼裡的天才變成垃圾了，原本都是充滿關愛的眼神，現在連正眼也不看我一眼。同學嘲笑我是殘廢，學長落井下石的說：「哈哈哈，就跟你說過了，『小時了了，大未必佳』，我看你還是轉學吧！」有很多受傷的人都轉學了，他們覺得我如果轉學也是必然的，因為靠身體表演的人，受傷了就像豹沒有利牙與爪子，是會餓死的。就算是手好了，也無法恢復得與過去一樣，而且之前的基本功幾乎要重練。

我想大多數因為受傷而轉學的人，除了被譏笑很難受，就是要面對重練這件事。重練真是很困難，之前辛辛苦苦打下的基礎，又得重來一次，而且發育時身體會長大、變化，對重練來說，更是難上加難。

在最難受的那段時間，還好有個叫做吳建宗的學長一直鼓勵我、安慰我、注意我的情緒。多虧有他的陪伴，不然我還真不知道該怎麼度過。這段時期，我當然又開始對著電話哭給媽媽聽了。所以，我十三歲就體會到一件事情，就是：現實的人生。

開刀變成學習雜技表演的轉機

經過不斷的複診，傷口慢慢的癒合，拆了石膏，我開始做復健。

剛拆完石膏的手，伸不直也彎不起來，手肘在彎曲的石膏裡三個月了，肌肉硬掉、骨頭也定型了，必須每天熱敷、水療後拉直和彎曲。特別是水療後要被拉直和彎曲，就像是把手指頭硬往後扳多五公分。如此這般持續了大約一個月，真是痛不欲生。從拆完石膏一直到高中的那段期間，每天晚上熱敷、擦藥膏和按摩，有酒精味的藥膏經年累月的沁入我的體內；這之後，常常在激烈運動時，我呼出來的氣味就帶著藥膏的味道。

開刀後的好處竟是朋友變多了，這真是出乎我意料之外的收穫。因為嫉妒的氛圍不見了，同學除了譏笑之外，也沒什麼好說我壞話的了，而且大半的時間我都是坐著、看著，有比較多時間和同學聊天。這段低潮期又遇到我的叛逆期，我把老師和媽媽都氣哭了好幾次。

開刀對於一個雜技表演者來說，真是致命的一擊，什麼都沒了，練功的基礎沒了、寵愛沒了、喜歡的女生沒了……對我來說，或許也算是一個轉機。我開始學其他的表演項目，比如用頭倒立、騎獨輪車、雜耍、繩技、玩迴旋鏢、頂技、轉盤子、爬竿……等等項目。

以前為什麼不學這些呢？之前老師給我們的觀念是：倒立、翻筋斗做得好的人才是佼佼者，條件不好的人才會學其他雜耍之類的技藝，所以我八竿子不會去碰。後來受傷了，經由老師的推薦，我漸漸愈學愈多其他項目。但我仍是忍不住在手傷未癒時練了倒立，導致右手手肘骨頭變形，回不去了。

有一次我考試的項目是爬竿，也就是一個同學肩膀上有一枝高約四公尺的竹竿，我爬上去做一些特技動作。結果扛竿子的同學腿軟，我跟著竿子倒下來，就在快落地時，我被年輕的術科老師抱住了，如果直接落地的話，後果一定不堪設想。

正當我逐漸恢復正常練習，所學的雜耍項目也稍有所獲時，在練習穿圈圈這個表演項目時，又把右手手掌摔斷了，原因是一個類似後空翻的動作要穿過圈圈，原本應該腳落地的，但我的頭和手直接落地，我內傷了，右手掌馬上腫起來。到醫院檢查時，醫生說我的右手手掌中指掌骨斷裂，要三個月才能恢復。

時間之旅日記

2009.8.12（三）

臺北

Y4 三號廣場

看著街上人來人往，深深的覺得，我與大家很不同。

舞團排練完，走出排練室時是下雨的，我問警衛大哥何時雨會停呢？他說差不多快下完了吧！

結果我驅車前往信義區，在車裡坐了半小時，雨仍不停的下，我只好拿起電話打到捷運地下街詢問今天場地的情形。他們說六點半十二號廣場就可以表演了，現在有一個吹口風琴的人在表演。我心想，終於可以去十二號廣場看看了。

開心的駕車前往地下街，到的時候是下午快五點。很好，前一個人提早離開了，我可以直接表演。我借了推車，請好心的服務人員小蔡幫我將小舞台的桅杆布置成我要的狀況。小蔡人很好又有耐心，很謝謝他。接著我借了捷運站的推車，將道具卸下裝台裝好。

……去看十二號廣場時感覺很不好，那不像是準備給表演者表演的地方，那真的不像。

為什麼我從小學習我喜歡的東西，長大了待在舞團裡，別人也不知道到底該怎麼使用這項技能，沒有我理想的雜技團可以待，就連街頭都很難有表演藝術的感覺。是我要求太多嗎？是我龜毛嗎？這更能證明我想做的事情是對的，慢慢建立一個理想一點的環境，讓大家多認識雜技這門表演藝術，我要更勇敢的走下去。

這個小插曲是我心裡一小段很不舒服的插曲；開始表演時，雜音就不見了，好舒服！

眼前就是表演，眼前就是享受稀疏的掌聲，眼前就是做好每一次的表演，雖然屋頂不夠高，雖然地板不穩，雖然只有日光燈，雖然觀眾大部分是遊民（聽說），但我有太冷的冷氣可以吹，我有少數一兩個支持我的觀眾用力的為我鼓掌，我有自己很喜歡的技藝流竄在我的血液裡，我有一個世界上只有我在做的計畫。夠了！這樣就夠了！

約三場，一三〇〇元。

雲林 凡農之都

一眼望去盡是農夫。

MATE

彰化　遺忘之都。

容易讓人遺忘的城都，沒有特色即是它的特色。略帶點城市喧囂氣息的人們住在裡面。

第陸章

那一雙雙鼓勵的眼神。

在臺灣想追夢，會有百分之八十的人潑你冷水
但別忘了，還有百分之二十的人對你很期待。
後來我發現，潑冷水能讓我更仔細思考，
這真的是我想做的事嗎？

亮蝦餅

到大陸福建省雜技團進修

經過一段時間的復健，右手掌骨斷裂的傷好了。國三時，學校開始聘請大陸師資。很幸運的，我遇到了好老師，他教我繩技這個項目，我對這項技藝很著迷，在升高中的暑假，我申請了學校的獎學金，然後就到大陸找那位大陸老師進修了。

暑假期間，當其他同學在臺灣街頭演出賺錢時，我則是在大陸福建省雜技團每天辛辛苦苦的練習。國一在吳橋參加國際比賽時看到大陸雜技表演者驚人的技巧，當時的衝擊並不是很大。直到我親臨現場，看到他們的訓練方式時，才讚歎不已。他們對選手提供很優渥的條件，一旦有好的表現就有實質的獎勵，所以他們從學生時期就會很努力的去比賽，希望得獎。比賽成績愈好的人，就有比較高的終身俸月薪，也可以配給到比較大的房子，如此一來，他們當然會拚命的練習。

但相對的，處罰也很重。我親眼看到

徐來春老師（右）和福建省趙慶平老師（左），他們是我學習雜技的重要老師。

選手在練習倒立技巧表現不好時，就被罰在三樓的陽台倒立三分鐘，這是老師要訓練他們克服高度的恐懼，如果掉下來（掉下去就死掉了，這裡指的是往安全的地方下來），馬上就是一頓拳打腳踢伺候；我也看到有些表現不好的學生，老師直接丟磚頭到他們頭上的恐怖畫面。在這種接近虐待式的逼迫練習和嚴格處罰之下，學生雖然辛苦，卻也知道只有拚命努力，才會有好成績。

和我的遭遇一樣，有些學生會因想家而憂鬱，有的是因為家境貧窮，連過年過節回家的車錢都沒有。他們的環境雖然很辛苦，但我常想著，要是自己能生在這裡就好了，這裡整體的表演藝術環境實在比臺灣好太多了，又可以盡情的練習。

他們對臺灣去的學生很好奇也很友善，都希望彼此成為朋友，因為感覺新鮮，好不容易有來自臺灣的學生一起學習，自然格外珍惜。此後連續三個暑假，我都到這裡進修。大陸老師建議我多學一些可以一個人表演的項目，於是我又學到了晃管（平衡技巧）和喜劇短劇。

在我升高中之後，家裡的經濟情況愈來愈吃緊，儘管如此，爸媽還是盡量滿足我去進修的願望。在大陸進修的期間，從早到晚上都在練習，我經常在極大的壓力下失眠，即使身體很不舒服還是繼續練習，我很珍惜可以在此地的訓練機會，希望能帶回一點好成績回臺灣，而不是兩手空空、一事無成。

表演對我們這所學校的學生來說是再平常不過的事，從國中開始，每個禮拜四我們都有固定的演出，假日時也常代表學校到臺灣各地表演，當時就已有出國表演的經驗了。國一時到大陸比賽、國三時去日本表演，高中的兩個寒假，我們班都到加拿大和美國表演；每年的雙十國慶，還會參加總統府前的表演，所以我從小就對舞台滿熟悉的。

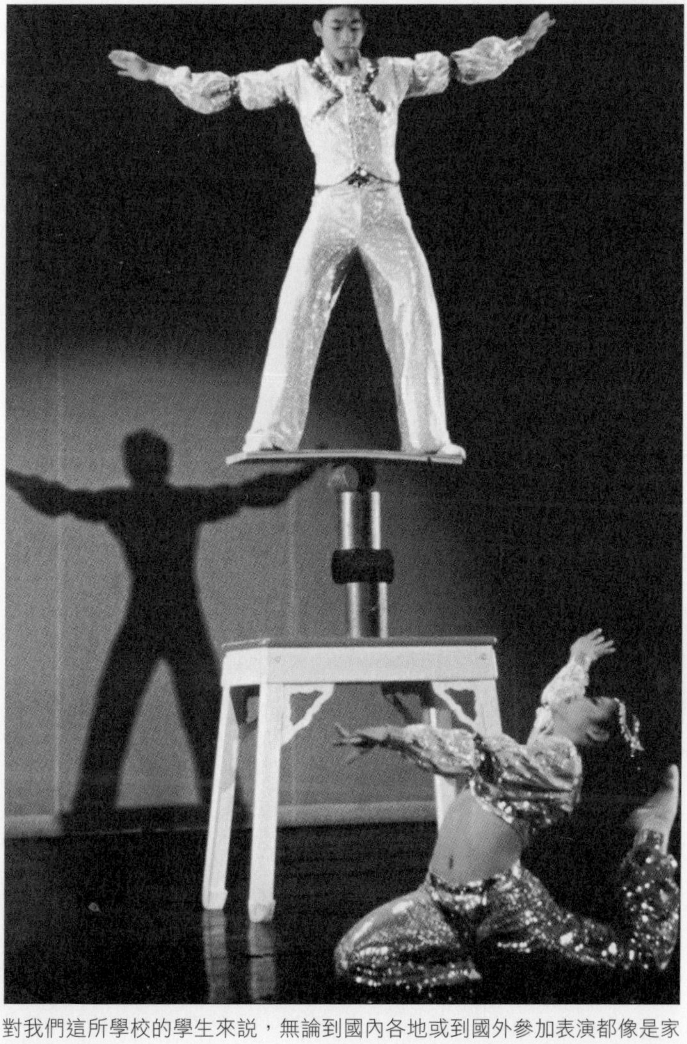

對我們這所學校的學生來說，無論到國內各地或到國外參加表演都像是家常便飯一樣。　　　　　　（國立台灣戲曲學院民俗技藝系　提供）

有小小粉絲在看，要認真一點。

時間之旅日記

2009.8.15（六）

臺北

信義區新光三越廣場

有一對母子，下午看過一遍演出，晚上又看了一遍，那個媽媽說，看了兩遍還是很喜歡。兒子則在旁邊盯著我看，最後那個媽媽告訴我，她身上的錢花完了，只剩二百元的消費卷，問我要不要收？

很有趣耶。

這對母子在大約九個月之前，就在宜蘭聽過我的映後座談會（拉芳舞團的紀錄片）。我非常感激他們給我的鼓勵，無論是言語上的、金錢上的以及他們謝謝我帶給他們快樂的這件事情上，我真的非常感激。其實我存在絕大部分的原因就是為了這個——希望讓觀眾帶點「東西」回家。

晚上，一個小男孩等在我的表演區域前大約二十分鐘，在旁的父母問他要不要走了，他說不要，他要看表演。父母問我何時要表演，當時我已經表演九次了，快沒體力了，但我決定為小男孩再表演一次。

因為我不知道他何時會再來，因為我不知道我何時會受傷，因為我知道他有多想看表演，因為我知道我想為他表演。

表演完，他愣住似的拿著爸媽給他的錢投進我的帽子裡，謝謝他。

今天是破紀錄的一天。可能是開始表演四個管的關係，以及今天只有我一組是街頭表演，有點給它豐收的感覺。

錢會是我繼續的動力嗎？

會的！我得坦白說。但最大的原因是我想要挑戰看看，到底街頭表演最高收入可以是多少？這感覺是一個無止盡追尋的答案。

其實當兵時有點窮怕了，想多賺點錢放在身上以防萬一，盡量不要再過身上沒錢的日子了，真的很不舒服。特別是像我這樣白手起家的人，所以金錢確實也是我的動力之一，但卻不是最終目的。金錢是實行計畫時所需的一部分。

晚上十點半，拆台完快離開時遇到了茉莉和瑞蘭（應該加「姊」，但總覺得很卡，所以還是不加）。瑞蘭是我以前讀劇校時京劇科的學姊，她怎麼跟我小時候看到的她一樣，怎麼都沒變？怎麼保養的？（驚）她一開始看到我，只覺得我很眼熟，趨近一問，發現果然是同一個製造地：劇校。茉莉似乎是舞蹈界的老師吧，聊過之後，茉莉發現我是舞者，發現我的環島計畫，發現我的生命計畫，發現我是生活白痴。

街頭賣藝賺錢是最慢的，但卻是我環遊世界最基本的生存能力。

她們兩個給了我很大的鼓勵，我不知道該怎麼形容她們給我的鼓勵有多大，我不知該怎麼形容她們給的讚賞，這種沒辦法說出來的喜悅是她們給我的。她們讓我覺得，我更該愛自己多一點，多注意安全、多注意健康、多注意計畫中的問題。到最後她們讓我更謹慎的面對我的計畫。因為她們讓我感覺我很重要，我覺得這是人與人之間最寶貴的鼓勵。謝謝她們，謝謝瑞蘭學姊的愛護，謝謝茉莉的鼓勵眼神。

我想每個人都會遇到不知哪裡是界線的熱情朋友。

在信義區有一位大哥，他常來看我表演，他是一種地頭蛇，屬於低層生活。每天過得安逸、衣著不太整潔、活在自己的世界、收入微薄但樂天度日、不做壞、不做好的一種地頭蛇。

他覺得我表演得好，但是最近我在表演時，他會跑進我的表演區域，他會想跟我有互動，或是跟觀眾示意他的幽默感（比如我在表演木磚倒立時，他會做勢，表演他拿著一枝長錘想要敲磚塊的樣子）。

我覺得地是公家的，大家都有使用的權利，但是我在表演時，他的舉動會讓我不舒服。我仍歡迎他來觀看表演，只是希望他至少要注意安全，不要再混近我的表演區域了。這種情形是人生無力感的狀況之一。

無力……

約九場，一九一〇〇元。

有得天獨厚的潭景山景與物產，卻也有深深的自然傷害……

花蓮 邊緣之都

這裡是離各繁華都市最遠的城都，上不著北部，下不著南部，沒有安全的交通，人口也稀少，一切的一切都讓人感覺力有未逮……

被邊緣化的城都，它們的海岸線與山田卻美得讓人痴迷。

第柒章

只要不放棄自己，就不會有人放棄你。

生命像落葉沒有一個定數，
有些葉子飄入水中，有些被車子輾過，
同時感受墜落的恐懼與享受被風吹拂的樂趣。

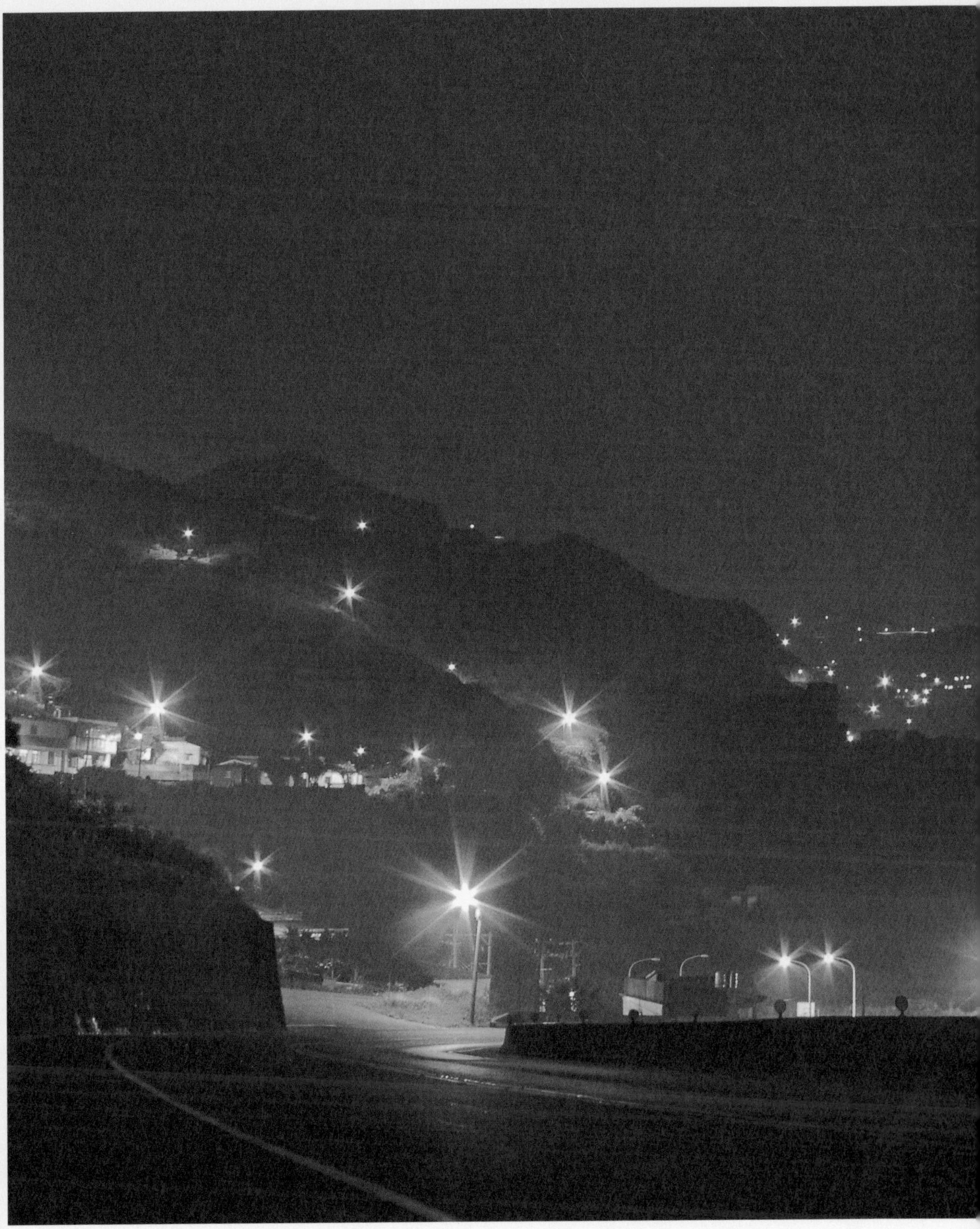

畢業與升學的十字路口

升上高中，我開始思考升學的問題了，當時我心裡有一個目標——國立臺北藝術大學戲劇系。既然鎖定目標，就要全力準備。只是劇校的學科環境可以說是滿糟糕的，我們國中學的數學是算水電費，英文課一學期上不完一本課本，歷史地理也是挑著上的。一般來說，劇校畢業的學生想要在外面升學幾乎是天方夜譚，可以考上的大多還是以體育學院為主（就是以術科為主的學校）。學校非常注重術科的課程，這對學生來說有好有壞。好處是，術科的訓練多元，學生的表演技巧純熟；壞處是，大多數學生對外面的環境完全格格不入。

媽媽其實很早就知道這一點，國中時（我哥剛好高中）家裡請了一個家教老師來上數學，媽媽想說哥哥上完順便讓我跟著上。我每個禮拜除回家享福之外，還要補數學。我補得很痛苦，因為回到學校也沒有時間複習，而且學校的進度跟補習的進度完全不同，我再努力也沒用。就在一次我的數學成績沒有比其他同學好的時候，我藉此跟媽媽說：「你看，補了也是浪費錢，同學的分數還是比我高啊！」雖然我知道自己是真的會算，同學是作弊分數才會很高的，但為了擺脫補數學的痛苦，我還是昧著良心對媽媽說了。媽媽看我這個樣子，也就沒有再讓我補習數學。

但是補英文就不一樣了，我從國三開始在校外接演出賺了一些錢，就花錢請家教到學校教我英文，不知何故，我對英文很有興趣，背單字也快，而且有自己背的方式。二〇一一年四月，我受邀到美國波士頓表演和演講，就以英文對外國人演講和交流，當地媒體稱我為「臺灣來的李小龍」，真是讓我感到很光榮。我能用英文演講，應該就是那時打下的基礎吧！

受重傷這事對我來說並不陌生。高中寒假時，第二次到加拿大演出，彩排時我又因翻筋斗穿圈圈這個項目而受傷了。這次是後空翻穿越從地上堆疊起來的第四個圈圈，我後空翻的彈跳點太前面了，在身體騰空，經過最高點後降下來的瞬間，卡到堆疊的圈圈，整個人失去動力直直掉下來。我張開眼時才發現自己掉在地上，胸椎好痛，這一摔一個月都不太能動，整個表演行程幾乎都不能參加了。原本我的表演項目很多，一下子全部要換人上場，我只能坐在觀眾席上看。

一次次的受重傷，再一次次的恢復站上舞台，我漸漸的清楚了一件事：只要自己不放棄自己，不會有人放棄你。現在我也會對受傷的學弟妹說：除了預防受傷的知識外，受了傷要好好復健，更重要的是訓練自己受傷後再恢復的能耐，那才是真正能再站上舞台的祕訣。

我在大陸受訓時，看見了一種表演項目叫做迴旋鏢，從高一我就開始玩起迴旋鏢。同一時間，許多同學也和我一起研究迴旋鏢的做法，到最後只有我研究成功。因為大家玩玩就膩了，只有我不斷的嘗試、不斷的試飛、不斷的思考如何改進，終於在兩年的時間裡找到合適的木頭、合適的工法。我才發現，自己並不是最聰明的，但因為我對迴旋鏢的好奇、熱忱和耐心是最夠的，再加上天性有一種笨笨的執著，想要追根究柢，才能堅持到最後。我也將迴旋鏢的製作概念結合了地域性的需求，因為臺灣的表演場地通常都不大，傳統的迴旋鏢飛行所需的直徑大約都在十公尺，我研發出來的飛行直徑只需要五公尺，非常適合在臺灣的場地表演。

同時報考北藝大戲劇系和舞蹈系

高二下學期，我開始找補習班補學科，因為我想念的國立臺北藝術大學戲劇系學科不容易通過。就我所知，歷屆的學長姊還沒有人通過，我心想，我就不信，偏要考上。多虧當時的女朋友和她同學的幫忙，後來如願找到補習班。我用自己演出賺的錢繳了將近三萬塊的補習費。

現在回想起來，高三那年真是滿辛苦的，晚上集體點完名，十點後我會讀書讀到凌晨大約兩點半或三點，五點半起床練功或是有時可以讀書（因為高三時是學校最高年級，早功的部分老師並沒有很要求一定要練習），大部分同學都回寢室繼續睡覺時，我就會到學科教室讀書。每天練習至少六個小時的術科後再讀書，精神體力真是不勝負荷。這樣一天只睡大約三個小時的生活，我維持了半年。

後來我的學科通過國立臺北藝術大學的第一階段，我高興得要瘋掉了！學校老師聽了也覺得很高興，其中一個舞蹈老師問我有沒有報名舞蹈系，我回說沒有。她說：「為什麼不報？以你的條件，他們一定愛死你了。」我跟她說自己不想念舞蹈系，她要我先報名，考完了再說。

我心想，考考看或許不錯，所以又報名北藝大的舞蹈系（剛好那一年的舞蹈系不須考學科，報名的時間比較晚）。接到通知單後，我發現舞蹈系考試時間是戲劇系的前兩天，除非舞蹈系通過初試，我才會在最後一天的複試和戲劇系第一天的筆試撞期，於是就想著試試看吧。

奇妙的是，通過舞蹈系的初試，我將要參加舞蹈系的複試了，但舞蹈系的複試時間是早上九點二十分，而戲劇系筆試的時間是九點。貪心的我，就跟舞蹈系的助教說，因為我同時要考戲劇系的筆試，所以會遲到。

隔天，我就進了戲劇系筆試的考場，寫了三十分鐘（正常來說可以寫一百分鐘），我趕快交卷，再跑去舞蹈系館考舞蹈系。我遲到十分鐘，舞蹈系老師都用狐疑的眼神看我，我心想：「明明昨天有跟舞蹈系助教說了，我要考戲劇系筆試所以會遲到啊，怎麼老師看起來都不知道的樣子？」我沒想太多，還是把試考完。

隔兩天，我又到北藝大戲劇系去考面試，戲劇系老師知道我的背景後，感覺滿開心的，到了專長表演時，我把我的雜技專長表演了一下，老師們紛紛起立鼓掌。

我在穿鞋子的時候，有一個短髮嬌小的女老師邊點菸邊過來問我說：「筆試考得怎樣？」

我說：「我只寫了三十分鐘……」

她有點驚訝：「這樣啊……如果筆試沒問題的話，應該就沒問題了。」

我說：「謝謝老師。」當時其實聽不懂她在說什麼。

在這段考試過程裡，我覺得北藝大戲劇系的考試比較有趣。筆試的有四題，第一題問蘇格拉底死前說的話，還有分析什麼思想……第二題是一個機器人的發表會，要考生寫出機器人會說的話；第三題是一個很像蚊香的東西，要我們寫出一個小時後它會變成什麼；第四題是兩個很醜的奇怪生物，要寫出牠們的對話和背景……雖然我不記得我是怎麼做答了，但這四個考題，非常有創意，讓我至今仍記憶猶新。

戲劇系面試時，有動作、聲音、看圖說故事、專長表演。動作題時老師會放音樂，有一個學長會做一些動作，考生要與學長互動，並且配合不同音樂變化的氛圍。這題考完，學長會做一套動作，我要跟著模仿他，結果那個學長不小心有個動作晃動了一下，我也把它模仿進去，老師們就笑了。

聲音考題要大喊一聲，以及大聲朗讀一段句子，正常唸完句子後，老師開始出題要考生變化。比如：快生小孩的時候說、被追殺時說、跳樓自殺墜落時說……

聲音題考完後，就是看圖說故事，老師會秀出幾張圖片，再依自己看到的說出觀察與感受。最後是專長表演，並不是每個考生的專長表演都能盡興表演，在我前面的人，表演到一半就被老師叫出去了。

失落是一時的，生活還是要繼續

考完試，就是漫長的等待放榜了。

舞蹈系先放榜，結果我沒考上。我心想反正還有戲劇系。戲劇系放榜的前一天，我夢到筆試分數差一分。醒來時，我開始焦慮，心想，人家說夢見的都會與真實世界相反，於是我就自我安慰一番。可是我從小到大都沒做過那麼真實的夢，我想這下大概是考不上了。拿到錄取通知單時，的確就差了一分。我的筆試分數是二十分，面試的聲音、肢體幾乎都拿了九十分。那一刻，我才知道那位短髮嬌小的女老師所說的話是什麼意思了。

我很沮喪，準備那麼久結果落榜，準成為同學的笑柄了。因為很多同學都覺得我那麼認真是白費工夫的，這下子果然被他們說中了。我頓時失去力氣，什麼也不想做，我全部的心力只放在這一所學校，其他的學校我都不想讀，臺灣又沒有我喜歡的表演舞台，我未來的人生該怎麼辦呢？

在接到放榜通知的三天後，我遇到一個幫學校做道具的陳師傅，他跟我聊到我的畢業公演的道具要怎麼製作，在聊天的過程中，他有說有笑的。我忽然想到他的老婆前一陣子因為乳癌過世了。我心想，他經營這麼多年夫妻生活的失落感都可以恢復，我才準備兩年考試的失落又算得了什麼。那一瞬間，我像是重新接上了電，再次恢復了些面對人生的信念。

劇校畢業前夕，我仍徬徨何去何從？下一步該怎麼走？

媽媽問我：「要不要去考軍校？」

我說：「我不喜歡。」

後來，我就在媽媽當時上班的餐館打工。大約過了一兩個月，我之前補習班的主任打電話來問我：「你要不要重考？」

我說：「可能喔，因為我只想念北藝大。」

他說：「這樣啊，那你現在都在幹嘛？」

我說：「在我媽工作的餐館打工。」

劇校畢業了，天賦之路也斷了線。從那一刻起，我靠近了世界，也遠離了自己，在不知不覺中……

他說：「那你要不要來補習班打工，時薪一百元，要不要來試試看？」
我沒多想，就答應他了。

時間之旅日記

2009.12.26（六）

臺北

內湖美麗華＆

信義區新光三越廣場

就算不知道今天到底能賺多少錢，能否籌到需要的經費，我還是常常想像我到世界各地表演的樣子，以及各種觀眾不同的反應。想像力常常是讓自己快樂的好方法。

因為要在限定的時間裡賺到一筆金額，所以我稍微妥協了一下，開始接演一些我覺得還可以的商演case。於是今天中午過後，我就到內湖美麗華報到，準備下午的演出。

商演其實很花時間，因為必須跟很多東西配合，如主持人、音響大哥、燈光大哥、舞台架設（舞台常是歪歪斜斜的），但是只要表演一次。賣藝要賣半天，對我來說，當然商演比較輕鬆啦！但是商演比較沒那麼有趣，而且可以調整的空間很小，一切就是效果為主，沒有靈魂，精神與肉體淪為賺錢的工具。雖然我講得太誇張，但那是真實感受之一。

而街頭賣藝有趣的地方是，你的觀眾是一個一個慢慢留下來的，留下來的人你還得不讓他們離開。表演完觀眾看了覺得不錯才會投錢給你。每一場觀眾都不同、反應也不同，氛圍也不太一樣，觀眾來自四面八方，年齡有大有小，同時要滿足所有的觀眾需求，確實是不容易的事。

我選擇做自己，從一開始賣藝到現在為止，我仍沒有放音樂。你能想像表演沒有音樂要怎麼表演嗎？但我仍奇蹟似的存活了下來。

今天遇到幾位輔大新聞系要拍作業的學生，我答應讓她們拍，讓她們訪問。其中有一個問題是問：覺得政府應該如何改進街頭藝人的環境呢？

我當時沒回答好。我想說的其實是：「只要政府把街頭藝人當人看，那一切將會不同！」很奇怪的一句話吧？但這就是我的感受，有怎樣的政策不重要，重要的是觀念要先正確吧！臺灣政府做事情效率最高的，應該是外包的路邊停車收費（效率一等一）。

……

天氣仍然很冷。我在冬天的水泥地上衝浪，過癮喔！

宜蘭 未來之都。

這裡的都市規畫與教育是最具未來性的，但也是未來有錢人會去摧毀的一塊土地。農舍開始變豪宅，原本東邊看得見日出，西邊看得見夕陽。不久的未來，想看見平凡的日出與夕陽，又要花錢到 Hotel 看了……

臺中 阿鼻之都

這裡的人民最不快樂，感覺壓力很大，不受人保護……這裡適合有錢人住，有錢你會很有尊嚴，沒錢你會不快樂，因為它是專為有錢人設計的城都，夜晚的繁華不禁督促你要多賺點錢。只要有錢，馬路不平、交通不暢、人行道被占據、公共建設不雅都沒關係，因為家裡漂亮就好……這裡有最明顯的都市發展中的痕跡，人民的直率並不將它掩蓋，而且也沒人敢管。

VERSALIFT

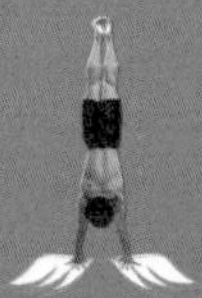

第捌章

人生只要賺錢就可以了嗎？。

補習班主任說：「只有有錢，人家才把你當一回事，沒有錢什麼都不是。」

那時我不斷思索：到底什麼是我要的生活？

我以後的生活就是這樣作息不正常、每天為了業績在傷腦筋嗎？

我還能做什麼？我想做什麼？

我是吸血蟲

臺北車站南陽街，一個街道狹小、招牌林立、學生暴多、連機車停車位都不好找的補習街。

我對這裡並不陌生，畢竟在大學二月的學科能力測驗之前的四個月，每個禮拜的假日，我都要來這裡補習。但要在這裡工作，我還真的沒想過。我在這裡一待就是三年，從小小工讀生做到部門的主任助理，因為我很勤勞，加上剛好主管想要栽培我，在工作到第二年的時候（二十歲），我的能力和薪水都比三十歲的人還多。在招生賺錢的日子裡，有人因為我的介紹來補習，考上好學校甚至是臺大法律系，但也因為我的年紀與學歷，我在工作時不能說真話。

我工作的部門主要是協助職業學校的學生重考大學，在一般重考大學的補習班裡，這算是個冷門的部門，而且招生困難，因為職業學校的學生有技職體系的升學管道，重考主要也是選擇四技、二專的重考班，而不是重考大學。這畢竟和他們在學校念的完全不一樣，而且絕大部分念職校的學生，就是當初對考大學這條路絕緣的人。以整個市場和學生需求來看，這是一個非常吃力又不討好的部門，不只客源少，還要突破職校生缺乏信心、程度較不好的現實問題。

一般高中生重考，一年的補習費大概是十三萬（醫科保證班的重考班學費，大約要再加一倍），但是職業學校學生要重考大學，一年的補習費只要六萬出頭，而且是在專門班級上課，不能讓他們跟高中生混著上課，免得高中生會覺得班上有職校生是程度差的補習班。職校生常會覺得被忽略而感覺自己很弱勢，授課老師也會因為這種班級而在進度上面有所配合，特別是數學課。

原本一年最少要十三萬的重考大學補習費，現在只要六萬，從成本的角度來說，當然不划算，但是一班二百個學生，至少也有一千二百萬的收入，多少可以貼補一些房租費用。不過因為收入少、學生客群少，招生人員想要賺到錢，勢必要精簡人力。可想而知，我們招生部門的人是極其精簡的，嚴格說起來只有三個：主任、一個女招生員和我，其他都是工讀性質。

剛開始我也是工讀生，主任鼓勵我先從同學下手，我的劇校同學有人也想升學，主任打的主意是，讓我的同學先到補習班繳一千塊的重考班費用，上一些免費的課程，如果考上大學後不想重考了，可以退回一千塊錢；如果沒考上想重考，他們可以先將重考班較低的學費先訂下來，之後漲價才不會花比較貴的錢補習。

補習班主管是看上我出身劇校，學科竟然可以通過國立臺北藝術大學的門檻，他覺得我對同學有一定的號召力。果不期然，被他料中了，我一帶就帶了十幾個同學去。

這下我可風光了，但是我也不太知道自己在做什麼，只知道幫同學爭取到很多免費上的課，也幫主管先招到一批重考班的學生。他開心，我開心，同學也開心。

從那段時間起，主任就教我愈來愈多的東西。過了大約一個月，有一天晚上，主任要我認真的思考，要不要專心做補習班，他用心的跟我說了一些補習班的生活模式，也認真的叫我好好看看他開的ＢＭＷ，他說：「你以前學的東西是窮人才會去學的，而且翻筋斗可以翻多久？你以為那樣很帥嗎？」

一個職業招生業務員的生活

當時的我身上沒什麼錢，要去補習班打工時想買個甜不辣，都要仔細的問老闆一份多少錢。主任看見這個情形，常常請我吃飯。補習班上班的生活模式很辛苦，但是我看見這些招生人員工作時很自由，不需太多的禮俗教條，大家注重的是業績，而且主任說：「只要業績好，大家都會尊敬你；業績不好，大家都不會理你。」而我不但有人教，主任也叫我要把握有人教的機會，所謂「男怕入錯行，女怕嫁錯郎」，有主任挺我，我對社會上的其他行業也不熟，一直以來就只會表演，別的什麼也不會，到底要怎麼決定才好？我也不知道決定後會變得怎麼樣。

在坐公車回家之前，我去便利商店買了一包菸，那是我人生買的第一包菸，我學起主任和老師煩惱時抽菸的樣子，思考著這些問題。在晚上大約十一點的臺北車站人潮冷清，只有幾部公車經過和少數幾人在等公車，我一個人坐在路邊抽菸（人生中的第一根菸）。其實抽一根我就暈了，很難受，原本想說耍帥憂鬱一下，結果不但不能耍帥，還搞得自己連思考都不行，只好趕快坐公車回家。

在坐公車回家的路上，我打給主任說：「我決定了，我要做補習班。」他說：「很好，明天準時到補習班。」我為什麼突然決定了呢？因為我嚮往主任那種有錢的生活，可以開BMW、想吃什麼就吃什麼，而且他會用心教我他所會的東西。

當他教我愈來愈多東西的同時，我接觸的客戶（學生）也愈來愈多。由於這個部門接觸的學生，有一部分是工作後想念大學的，這些人的年紀有的比較大；還有就算跟年輕學生談完，還得跟他們的家長談，所以我的說話語調與穿著就不能「太誠實」，主任希望我打扮成二十五歲左右，不然不會有人想理會一個十八歲小毛頭的。我的服裝要開始西裝化，說話的語調也要更沉穩，而當有年紀較長的人聽完我的解說，他們覺得我又認真又說得頭頭是道，忍不住問我幾歲時，我必須回答：「你猜呢？」他們就會猜我大約二十幾歲，我會說：「差不多。」

我最大的弱點在我的學歷，這是我必須掩飾的大缺點，招生說話術有個重要的重點——避重就輕。主任叫我要想辦法解決這個問題，不然對我的招生絕對會造成影響。當

在補習班工作，十八歲的我穿起西裝、打上領帶來「扮老」，一待就是三年，從小小工讀生做到部門的主任助理，靠招生賺的錢比三十歲的人還多。（黃明正 提供）

他們問起時，我會說我是北藝大的學生，我去面試的經驗成了我的護身符，我也藉此鼓勵他們：職校生也可以考上大學。

漸漸的，我對這份工作愈陷愈深，主任教我的技巧也愈來愈多。在他細心教我的同時，他也很注意我的成就感和遇到挫折時的沮喪，他常說：「與其花時間沮喪為什麼被放鳥，不如花時間想下一個case怎麼處理。一時的沮喪影響自己的工作，等於為了捕一隻魚而把魚網弄破，一點都不值得。」

到底一個職業招生業務員的生活是怎麼樣的呢？比如派報、跑學校發DM、打電話、拓線、綁學生樁腳（就是和學生培養感情啦）、對來店客人面對面講解……這些都算在內。

時間則是一個業務員最好的朋友與最大的敵人，業務員始終要一直和時間賽跑，如何在最短的時間內把case搞定是基本功。招生也是有很大的時間限制，像重考大學的班級招生，精華期只有每年的八月，將近一個月的時間，輸贏就是看這一個月了，一翻兩瞪眼。

在注意時間的同時，還要不斷盤算到底這個 case 的成功機率多大。如果判斷機率不大就要趕快收尾；機率大，就速戰速決。

三年裡，我每個月工作三百個小時，一年只休過年的六天，因為主任說：「如果不趁年輕的時候多打拚，不然還要等到什麼時候？」

招生人員招生時，除了要批評對手、把對方的優點說成缺點之外，還要懂得挾之以利、動之以情，遇到自己的缺點時要避重就輕，把壞的說成好的、缺點說成優點。說服顧客時要引經據典、步步鋪陳、製造機會，這些都是必備的嘴上功夫。當然，真心希望學生考上好學校的心是絕對存在的，只是在銷售的過程中，技巧就是上面提到的這些。

還有進階內容，其中一個叫「三軍電話」。因為同業間彼此業績搶得凶，同時在面對一個學生或是那個學生很重要時（比如他的人緣很好），萬一懷疑他已報名別家補習班，或是知道他已經報名別家時，都可以透過「三軍電話」來求證與扭轉頹勢。

簡單的說，三軍電話就是找一個同事假扮成別家補習班的人，打電話給我們懷疑已經在別處報名的學生，學生以為是第三者會失去戒心，他就會一五一十的聊他選補習班的看法。藉此就可以清楚的知道他的決定，或是他真正在意的是什麼。

如果學生已經報名別家補習班，想「挖」他過來，這時就要再加把勁對這個學生說些像是：「我以前在那裡工作過」「我在那裡補習過」「我同學有補過，可是……」「我覺得……」誘導他發現缺點，以一種旁觀者清的客觀角度，提醒說他選的補習班其實是不好的。

這招的成功機率大約是百分之六十五；一旦成功，學生就會對你們這家補習班的向心力很強。反之，如果沒說好被發現你是騙人的，他和他的同學都不會來補習了。

我學表演的背景，有個好處是，當我口沫橫飛跟學生提到我會後空翻，他們不相信，我立刻到馬路上翻給他們看。他們一看都看傻眼了，接著紛紛報名。他們因為親眼看見我會後空翻，而相信我剛剛所有說過的話（哈哈），這是我的優勢之一。

每個人都可以利用自身的優勢來招生，像有人長得帥或是漂亮、有人有親和力、有人嚴肅、有人隨性，每個招生人員會透過本身的特質為自己加分。或許有些人的外型比較吃香，但對我來說，勤勞才是業務員最重要的成功特質，因為優勢人人有，卻不見得勤勞。招生的招式也是千奇百怪，我還看過有人以愛情為優勢在招生的……

主任的野心並不小，我跟著他一年後，就轉往一家新的補習班繼續奮鬥，他覺得他的能力足以做更多的事。他從一個部門主任變成一間補習班的執行班主任（執行長），原本是「大樹底下好乘涼」，現在一切從零開始，更辛苦了。

這一年從零到有的實戰經驗非常寶貴，這和在大公司底下做事時有很不同的思維，必須具備速度、特色、誠懇以及更大的努力，每個人也必須以一擋百。經過一年，雖然我工作的部門成績很是驚人，但因為補習班的整體業績不理想，主任被鬥爭鬥下台了，我毅然決然跟著他離開，因為他是我的師父。我們失業了兩個月，幾乎每天都到夜市打電動消磨時間，順便調適失業的心情。兩個月過去，他擔心我沒有收入，決定回去之前待的補習班，至少那裡比較熟悉，感覺相對安全。

回到原本的補習班，又經過一年。我漸漸覺得，這種為了業績而工作、生活不規律、有時必須言不由衷、每天盤算賺多少錢的工作，不是我以後要的生活，我很清楚自己並不快樂，感覺不是我自己；再加上家人並不支持我繼續在那裡工作，他們覺得我太辛苦了，我其實應該更有價值。

決定重考之後，我又花了兩年的時間讀書，幸運的是，終於在第四年，考取了我的第一志願——國立臺北藝術大學戲劇系。放榜前一天，和三年前一樣，我又夢到了我的分數。三年前夢到低於錄取分數一分，三年後夢到高於錄取分數一分，我……真的考上了！

我對主任說，我決定再去念大學，因為我考上了，他希望我可以邊念邊打工，他覺得反正大學只是去拿個學歷，而且他給我的時薪是兩百。但我還是決定專心念大學，到了一個新的環境，我想要全力以赴。

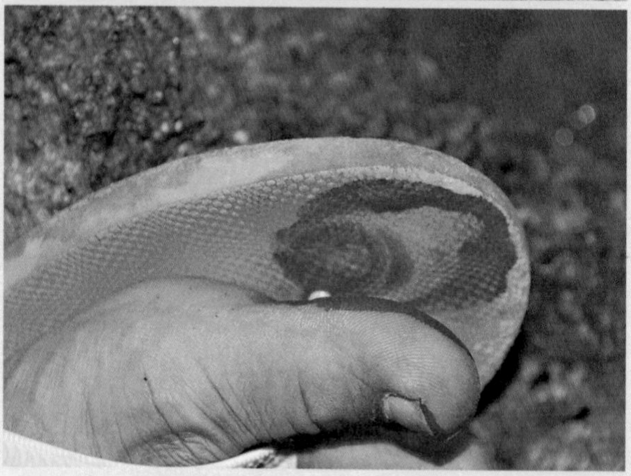

受傷時，會讓我陷入十三歲開刀時的「垃圾回憶」，那是一種很深很深的恐懼感。

時間之旅日記

2010.1.17（日）

臺北

西門町徒步區

今天第三回表演後空翻的時候腹肌抽痛，今天第四回表演後空翻的時候腹肌撕裂痛，今天第五回表演後空翻的時候，腹肌的痛楚及顫動抽畜，讓我在表演中途腹肌嚴重抽筋，就必須在極短的時間內找機會將腹肌伸展開來，然後繼續表演。

腹肌的疼痛不是第一次了，輪迴了千百次，總是在我姿意使用身體之後出現警訊，告訴我身體要不行了。……我真被它難倒了，它不是痛而已，而是那塊肌肉已經沒有力氣了。

在腹肌疼痛的這段時間，我常常回想起武俠漫畫裡提到的武林高手因自身功力到達極限，全身筋脈盡斷的形容與畫面，我深深的知道那種感受，我不敢想像全身那種痛，一個左下腹肌已經……

吃完應付肚子的魷魚羹麵，回到表演的地方，還要再演嗎？還是休息了？

經過食物消化完之後，身體告訴我還可以，但是精神告訴我，我不想表演了。

腹肌疼痛帶來的受傷恐懼感，一連幾個禮拜下來拚命似的籌錢，幾乎沒有休息的想新作品的東西。我常常想像到腦袋裡像豆腐的組織乾掉或是灰化了的畫面，因為我被自己榨乾了。

我要改變表演的策略。沒有後空翻套圈圈了，倒立完直接接著晃管的表演吧！

在經過觀眾反應的改良之後，現在倒立表演只有兩招，迅速接上壓軸的晃管，整體節奏更快捷，也解決了觀眾離開的問題，很好。

但腹肌的痛讓我每次表演完都覺得負擔很大，我感覺我的心神不寧已經有觀眾感受到了。好，今天表演八次就好。收，帶著傷回家吧。

八場，一二〇二五元。

時間之旅日記

2010.1.22-1.24

臺北

三重住處

新電腦與病倒在床

生活在忙亂中進行，始終覺得心中有些東西沒整理好，就繼續被時間推著前進。誰能在每一刻裡都清晰通徹的思考著自己是誰？誰又能在種種限制當中瀟灑的說自己滿足於限制？慾望無限、肉體有限，這是始終都需要面對的課題，失去平衡了，就會被黑暗吞噬。

想了幾個月，拚命賺了錢，一個多月前去看了電腦，終於有足夠的錢去買電腦，卻因為電腦缺貨又多等了好幾天，真正要付款前，我反而買不太下去。這筆錢不是拿來孝敬父母，不是拿來發給芳如薪水，而是拿來買器材。

每天累得半死，所有的一切心力集中在賺錢上面，終於可以買想要很久的電腦了，但是我卻買不下手，我覺得好浪費錢喔！我花不下去，但是我就是必須買。不然，很多事情都不能做，有好多好多的資料需要處理，有好多好多的夢需要這台新電腦來執行。但我買不下去，原因竟然是我捨不得花錢。

我想想，兩年沒買衣服了吧，每個月最大的開銷就是吃飯，剩下的錢就是拿來投資自己，我憑什麼相信自己，我憑什麼需要人家的幫忙，我憑什麼理直氣壯的買一台新電腦，它……那麼貴，我花不下去。

付訂金時別人都付一半左右，我只付了一千元，我捨不得一次提那麼多錢來買一台電腦。第二次驗貨時，我只付了約四分之一，最後拿電腦時，我才眼睛閉起來把錢通通給店員。哈！我買不下去，但是我買了。夥伴們！有了新電腦，我們就有下一步了。

電腦買回來放在書桌旁邊還沒拆封，我躺在床上想起連月的勞累可能因為買電腦的任務完成，精神稍微輕鬆了一些，當然也有可能因為買了電腦壓力更大，導致我得了腸胃炎。我全身無力，什麼事都不想做，不想碰電腦、不想任何事，就深深的陷在絕望裡無法抽離，因為還有比電腦多兩倍的錢要籌。但我好累，好辛苦，我病倒了，在不正常的時間裡睡覺。

我媽坐在我床邊，摸我的頭看我有沒有發燒，我又昏睡下去了，我一連睡了大約五天，除了熟悉電腦、寫劇本、想行政與練習的時間之外，我幾乎都在睡覺，感覺上很久沒有睡覺了，終於有理由好好睡一下了。

我好怕一覺不醒，因為有幾次睡覺前感覺到心跳停止，是我的錯覺嗎？但我感覺很真實。我在恐慌的狀態之下又昏睡過去了。

幸運的是，睡幾天之後，身體比較恢復了，但是一個禮拜的收入空轉，會讓接下來的情況更沉重。

金門 活力之都。

滿富活力的人民與太陽，他們的熱心腸讓你驚艷！

看見最多夫妻牽手走路的地方……山、海、平原都豐富得讓人驚訝，這裡是唯一人民會誇政府的地方，這裡是唯一看地圖不會迷路的地方，因為路標很仔細，這裡是路面最平坦的城都，旅人也在這裡看到最夢幻的日落。

養生會館
腳底按摩
經絡推拿
刮痧拔罐
鹽水雞

第玖章

25
96

重新找回屬於自己的快樂。

從小到大總是一直在忙碌，總覺得有件事情沒做完，
我不知道那件事到底是什麼？
但當我走在夢想的道路上時，我有一種「就是這件事」的感覺。

在北藝大遇見拉芳舞團

我的大學四年可說都是在混沌的狀態下度過的。但我有很認真的面對自己喜歡的課程，比如說表演課（其實也只有表演課）。大學一年級在混亂中念完，二年級在忙亂中念完，三年級在困惑中念完。過了三年，覺得無聊了，我所學的這些課程，對社會好像沒什麼幫助，遇到的多數人也都是會說不會做。說穿了，就是看不到讓自己興奮的Ａ咖人物，也許我當初對這個學校的期待太高了，所以相對加深了失望感。

我開始思考，我的未來就是一直過著扮演別人的角色、在如此狹小的表演藝術工作環境裡自怨自艾嗎？或是每天靠著接case過生活？還不如回補習班賺錢好了，主管常呼喚我，看著他新買的名貴轎車，很是羨慕，在補習班至少可以幫助別人升學。休學的念頭這時候出現了。

然而，在一次馬戲團籌組的會議中，我遇見了拉芳舞團的兩位創辦人：許芳宜和布拉瑞陽，這次的相遇改變了我的人生。

上大學以來，我一直都在外面籌組一些特技團、火舞團來接case賺錢，但創辦完之後，我就離開了，因為那不是自己要的。大三時，一個北藝大的學長看到我在電視上的表演，覺得我就是他要找的人，於是一起籌組了一個馬戲團，不過這次是比較有規模的，那個學長想要經營陸客來臺觀光的熱潮錢，他想在日月潭和阿里山等著名景點創作表演節目收取門票，他是團長，我是特技藝術總監。

在一次團隊籌組會議時，他找了兩個好朋友擔任顧問和編舞家，聽說也都是北藝大畢業的。我們相約在北藝大的二樓咖啡館見面，我心想舞蹈系畢業的學長姊，長得應該就是舞蹈系那種「樣子」。說實話，當時想休學的原因，就是覺得我看透學校了，當然裡面摻雜了許多我個人的偏見。

當我看到他們兩個時，男的很黑，我以為他是從國外到臺灣的留學生或是混血兒，女的像住在隔壁的鄰家大姊，我心想：她不是舞蹈系畢業的嗎？氣質完全不同，這種不同讓我有點小驚訝，我以為北藝大舞蹈系畢業的那種「樣子」，她都沒有。她不是很厲害就是很普通，深藏不露大概就是像她這樣吧？通常普通到有點過分的人，有的是真的很厲害。我又想也許她現在在當老師，看樣子很久沒動身體了，很瘦。

聊了一下，芳宜姊突然問我：「雖然我們才第一次見面，但你要不要跟我們去紐約？因為我看你的樣子還很乾淨，還沒被汙染得太嚴重……」這時我才真正抬頭看見她，她真的長得很平凡，我心想：看來又是一個愛說大話的人。我沒有馬上說好，會議結束時，我們各自留下電話。臨走前，布拉兄還叫我把手打開一下，他要看一下我的身材比例，看完他們說：「不錯嘛！」

我們第二次見面是隔了幾天後，那時我要去參加一個特技比賽，正在排練，他們兩個看完我的排練後，要我認真考慮一下跟他們去紐約的事。看來他們是玩真的。隨意閒聊之後，我覺得我該告訴他們心裡真正的想法，雖然我知道他們是舞蹈界的，但我還是坦白的跟芳宜姊說：「可是，我不喜歡舞蹈。」她仍然說：「沒關係，就當作去玩玩吧。」

出發到紐約之前，我和芳宜姊、布拉兄陸續又見了幾次面，我跟他們說暑假去完紐約後，自己應該就會休學了吧。他們很訝異，我說：「我覺得無聊了。」他們說：「念完吧，到大四也沒什麼課了。」我說會再考慮一下。我也跟他們表達我覺得學校無聊的原因，我想追求的境界一直沒有地方可以實現。這次前往紐約，我想試試看到底什麼是最屌的境界。

到紐約經歷最屌的震撼教育

兩個月的紐約之行，對我而言是猛烈至極的震撼教育。

紐約的空氣確實有一種自由的味道，在那裡似乎什麼都有可能發生。

每天在往排練場的路上，芳宜姊的腳步總是走得很快，她說：「這是紐約的速度。」她很有耐心的從基礎芭蕾開始教我，她說：「手要像有水流經過一樣順暢，水流到了指尖，自然的往下流……」

看到她的努力，我很震驚她的體力比我還要好。她比我大十二歲。我每天去排練場時，她已經和另一個人編舞工作了兩三個小時，然後才又跟我、保樹（與我們同行的另一位舞者）和布拉工作。我被她的努力給嚇到，從小到大，在排練場裡，我沒有看過比我還要走火入魔的人。

她一人身兼數職。日常生活裡，她要照顧我們的飲食起居，擔心這擔心那，早餐幫我們烤貝果、煮咖啡，排練中間的午餐在哪吃、晚餐在哪吃、怎麼吃比較省錢、晚上還要幫我們按摩……

工作時，她不時要接電話，因為有人要來看排、有人要請我們吃飯、有人要跟她開會談接下來的合作……還要跑到我們駐村的那棟大樓樓上，討論一些行政的事務……

工作不順利時，她也會生氣。有一次，我們在有人來看排練的時候表現得很不順利，她很不爽，她跟我說我的暖身不夠、我的心不在排練場……我這個菜鳥也不服氣，我自覺暖身夠了。事後證明我錯了，一直到半年後，我才真正將暖身的概念學起來（以前劇校的暖身，就是倒立十分鐘；讀北藝大時的暖身，就是身體動動、張嘴喊喊、跑一跑、跳一跳）。原來舞蹈是要純粹用身體的，所謂的暖身至少要六十到九十分鐘才能將身體「暖開」。

在這兩個月裡，芳宜姊是舞團的老闆、老師、姊姊、媽媽、行政、公關、舞者、女傭、朋友……她什麼都做，什麼都擔心，雖然舞蹈上我是絕對的菜鳥，但他們很尊重我會的東西。

剛開始不太認識她時，以為只是與一般人工作沒有不同。後來彼此漸漸深入了，我愈來愈有跟國寶「翠玉白菜」跳雙人舞的感覺，覺得她的「珍貴」不容我有一絲輕忽，如果我把她摔壞了，會很不得了！

因為工作在一起，特別是生活也在一起，可以直接看見她怎麼生活、怎麼工作、怎麼將這兩者交會轉化成藝術作品放在自己身上說故事，再由布拉將所有的素材編排起來，變成一個完整的作品。以前在大學裡似懂非懂的藝術創作手法，我在他們身上看到真實的發生，那種感覺非常強烈。後來我體認到這種近距離「參與生活」的機會，是無法重來也無法遇到的機緣。

面對自己的不完美

在這兩個月大量練習身體的狀況下，我發現一種我從小就很喜歡，卻在長大後遺忘了這種喜歡所帶來的快樂，那就是——身體；我知道了有一種快樂是與生俱來的，那就是——天賦。

這種體悟，衝擊了我從十八歲之後的生命過程。從十八歲進入職場工作，到二十四歲念到大學戲劇系三年級，大約六年的時間，我漸漸的離自己愈來愈遠，找不到自己的存在感，我愈來愈需要賺錢，只因賺錢變成愈來愈有存在感的來源。

一直到在紐約的這兩個月，我又將注意力回到訓練身體上面，重新找回那種無法言喻的快樂。這種重新找回，更讓我仔細思考，到底有多少事情是我真正喜歡，卻不敢面對自己的慾望與直覺的？

在大量訓練身體的過程中，我也試著看清楚自己身體與心理的缺點，並且試著去接納自己的缺點，漸漸發現：原來我是這樣的人，那麼不完美，有那麼多問題。我重新檢視了自己內心的感覺，這是一種非常混亂的情況，當我誠實的面對自己時，會跑出非常多的問號，這是一種自我的大批判。我批判了過去的生活、成長的狀況、自己各個階段的決定（突然發現，以前我經過的每個階段，都是不經仔細了解之後所下的決定，這是很恐怖的事）。

在混亂中，我決定與當時的女朋友分手，這個決定大大的困擾了芳宜姊與布拉兄。我無意間害他們變成壞人了，別人會覺得他們把我帶出來，結果讓我變了樣。這其實與他們沒有任何關係，只是我的人生陷入了一種困頓的狀態，我需要整理自己，我需要找回自己。不是任何人的錯，而是我的錯，我不後悔做這個決定，但卻因為我的這個決定造成了麻煩。芳宜姊和布拉兄又要掌握排練進度，又要幫忙處理因為我的決定所帶來的後續問題，我的的確確變成了一個問題人物。

現在回想起來，實在很感謝他們與當時的女友容忍我做出這樣的決定。我確實沒有把這件事情處理好，後來我能做的是一直等到前女友有了新的男朋友之後，我才放心的開始思考自己感情的事情。

一張大大的空白畫布

住紐約期間，我到過現代美術館（MOMA）看裡面的展覽，有一個讓我印象深刻的作品《一張大大的空白畫布》，這張畫對我的影響滿大的，它讓我思考了「什麼是藝術」這個問題。我才發現，什麼不是藝術？只要說得通，有人欣賞，那不就是最基本對藝術的認知了嗎？現實生活裡，再偉大的作品都有人覺得不好，再爛的東西都有人為之掉淚。重點是：你想表達什麼？

芳宜姊常常會在很適當的時間點，在排練場分享她與身體工作的經驗。有一次，在看我很累還硬ㄍㄧㄣ著想要做點什麼時，她就說：「要聰明的與自己工作，不能笨笨的；要把自己當兩個人，一個是慾望，一個是身體，兩者之間的平衡要小心取捨。如果身體太累了，還要強迫它做什麼，往往會造成不好的後果……」

經過兩個月的超級震撼教育，我們在紐約呈現的舞作是「37 Arts」（當時還未定名），竟然連李安導演也來捧場，李安導演和夫人請我們去吃晚餐，晚餐中我聽到李安導演說起他曾經在大學畢業後的六年間，完全沒有工作，就在家裡寫劇本，他一直在等待拍片的機會，他希望把時間花在自己想做、喜歡的事情上，所以選擇不做其他工作，就是專心寫劇本。這個故事也對我影響很深，他讓我思考：我到底想把有限的時間花在哪裡？

結束兩個月紐約職業舞者的生活，芳宜姊和布拉兄給了我很大的鼓勵，布拉兄有一次在排練時說：「Oh my God，我們竟然發現一個舞者！」這句話對我來說很重要，他們看見我的另一種潛力。

在那之後的兩年間，我一直還在消化那兩個月所帶來的刺激，我總結了四個芳宜姊和布拉兄對我非常重要的啟發：第一，天賦與興趣是要刻意經營的。第二，如果你要走的路沒人走過，那將會非常辛苦；如果你願意，那就做吧，沒時間抱怨了。第三，將生活內容轉化成創作的素材。第四，再高超的技巧只要花時間就可能學得來，有比技巧更重要也更難的東西，那才是真正要追尋的。

我打消了休學的念頭，回到學校上課，把戲劇系的畢業製作做完。隔年年初，拉芳舞團的創團演出《37 Arts》我也參與了，在他們的呵護下跳舞，感覺自己是偉大的舞者，他們也盡全力將舞者照顧到最好。謝謝他們分享的舞台。

雖然芳宜姊貴為國家文藝獎得主（我眼中的翠玉白菜），她還是親自上街頭發宣傳 DM。

完成第一部自己的創作

表演過程中，我第一次警覺到在舞台上百分之百掌握的重要性，這是我認為學生表演者和專業表演者之間最基本的差別。跟著他們在臺灣巡迴演出，讓我感覺到應該如何經營自己的觀眾群，觀眾不會平白無故來看表演，想要票房好，必須一點一滴的累積。在我的眼裡，他們是那麼的知名，我是那麼的不為人知，我期待有一天也可以像他們那樣，所做的事情被認可，累積自己的觀眾群，發表自己的作品，分享生命觀。

大學畢業前夕，趁還有一點時間，我思考著是不是要做個作品，將一直以來在腦海裡的東西呈現出來，於是跟我的夥伴方意如製作了我們劇場的第一個作品《Moi》（馬戲寓言體）。我們沒有經費，我想起高中時曾經和朋友一起到街頭賣藝賺錢的往事，當時覺得好玩。因為有這個經驗，所以就用街頭賣藝來籌錢。

《Moi》是個很特殊的作品，雖然從決定創作到完成，還不到兩個月的時間，但因為是累積很久的東西，創作的能量很強；而且很幸運的是，當時有一群願意幫我完成這個作品的同學們，真是非常感激，觀眾很喜歡這個特別的作品。

發表完《Moi》過後沒幾天，我就去當兵了。

實現夢想自己來

因為我是扁平足，所以當的是替代役，很多人都覺得不可思議。

替代役可以選擇想服務的機關，我選了文化服務役，幸運的選上在臺北的行政院文化建設委員會。為何說幸運呢？因為拉芳舞團在我當兵期間仍有演出，如果不是在臺北當兵，排練會非常辛苦，還好我很努力終於考上。

雖然在文建會做的是藝術相關工作，還是覺得很痛苦，大部分的時間都坐在辦公室裡，我覺得生命流逝得很快，我認為我有限的時間應該花在身體的訓練上，但當兵是男生必經的人生歷練。幸好我還能參加拉芳舞團的排練，不然，我真的很想從文建會的樓上跳下去。也不是環境不好，長官都很照顧我，就是覺得自己被困住了。每次感到很痛苦時，想到假日至少還可以去排舞，心裡就好過多了。

當兵過程裡，臺北藝術大學的育成中心有輔導畢業學生創業的專案，在我的大學同學林芳如的幫助下，我們順利的投稿了。

我的企劃書內容寫的是我的夢想計畫，一個關乎十五年打下臺灣雜技環境基礎的方式，其中還包含了環遊世界與在世界各地拍攝倒立拍照。

我們通過了第一階段的徵選，就在我退伍後跟拉芳舞團到美國雅各之枕舞蹈節表演時傳來消息：我的計畫沒有獲得補助。等美國行的表演結束回國後，我請芳如幫我問為什麼沒有通過，北藝大育成中心的輔導員的回應是：「夢太大，太難行。」

我覺得很不舒服，一直以來鼓勵學生有夢的學校，竟給畢業的學生這樣的回應。我沒有多餘的時間想這個奇怪的回應，我問芳如：「要不要幫我完成計畫？」她一口答應下來。

我們就自己來吧！

《Moi》馬戲寓言體 馬戲主義的開端

馬戲主義：

天空是半圓的，所以是個大帳棚。

這個世界就是一個馬戲班子，每個地方都有不同的技藝，每個人都有一項或多項的獨門招式。

這個世界充滿著喜怒哀樂，跟馬戲團的表演一樣。

這個世界充滿驚喜、恐懼、溫馨、感動，跟馬戲團的表演一樣。

我們活在走鋼絲的生活裡。

我們活在被操控的生活裡。

我們活在高度遷徙的時代裡。

我們活在被嘲笑的世界裡。

我們活在自由飛翔的世界裡。

我們活在悲哀裡。

我們活在不可思議裡。

這些，馬戲團裡都有，

這也是為什麼人喜歡看馬戲表演的原因，因為觀眾看到自己。
馬戲表演裡有英雄、狗熊，我們的生活裡也都有。
馬戲表演裡有帥哥美女，我們也都有。
馬戲團裡有情侶搭檔，我們的世界也有。

馬戲團要生存，
馬戲團要出名，
馬戲團要永久經營，
馬戲團要休息，
馬戲團要服務人群，
這些都跟我們一樣，
所以馬戲是你……你就是馬戲。

在人生的舞台上，每個人都是具有高度故事性及表演性，只是沒放在表演的舞台上罷了。
每個人都是英雄，都是小丑，都是超人……都是怪人……都是一家人。
所以馬戲是你……你就是馬戲。

所以馬戲能存在這麼久，因為每個人都是百分之百的馬戲演員。

舉簡單的例子：有人算數很強。有些媽媽一邊顧小孩，一邊聊電話，一邊煮菜一邊還學英文。有人很容易骨折。有人超耐打。有人打電動很強。

這些技能都是獨一無二無人能敵，只是他們在真實人生的舞台表演而不是在表演舞台上而已。

《Moi》劇照，表演者從右至左依序為：我、陳星合、我妹妹、意如。（劉躍 攝影）

大家都想處在同一個帳棚裡，一起生活，一起工作，是不是多一點互相照顧，少一點互相爭鬥呢？因為隨時會有意外發生，生命的存在是短暫無常的。

《Moi》劇照，表演者為意如和我。　（劉躍 攝影）

當死小孩遇見死小孩——當我讓死小孩安靜的看我表演，那實在是很有成就感的事。

時間之旅日記

2009.7.24（五）

臺北

忠孝東路 SOGO 舊館門口

謝謝你的鼓勵。

覺得淡水沒什麼人，我和意如就想要換地方。因為現在正在籌 MT-T（Momento Trip-Taiwan, 時間之旅）的錢，所以需要稍微多一些的獲利。

開車往忠孝東路時，我們突然覺得如果能在 SOGO 門口表演的話一定會很刺激，於是就將原本要去的地點信義區新光三越，改成去 SOGO。

看著 SOGO 門口來來往往的人都穿得人模人樣，我想如果突然有人在這裡表演而且只穿一件短褲，衝突一定很大，連我自己內心的衝突也很大。

但是那又如何？就試試看吧，想要在世界各地倒立的願望就是這樣實現的！

一開始表演時，觀眾還不太習慣，可能很少有人在這裡表演吧？應該是這樣沒錯。因為這裡並不適合表演，也不會有人有膽子在這裡表演，只有我了吧？

表演第二場時，意如說節奏可以放慢，節奏太快的話會像第一場一樣，好像我們在趕什麼，整個呼吸就不能跟觀眾在一起了。

觀眾因為我調整節奏，停下來看的人更多了，真是太詭異的一場表演了。噪音是那麼的多，場地是那麼的不適合表演，觀眾是那麼的匆忙，卻因為一個無聲的表演，大家暫時停下來看，就連計程車司機也停下來看了。

我不想說話，我想表演給你們看，這是我的夢，這是我的計畫，這是我現在最想做的事情——默默的表演給每一個人看。

約兩場，二〇〇〇元。

時間之旅日記

2009.8.23（日）

臺北

信義區新光三越廣場

街頭就是我的國家戲劇院。

心理準備對於現在的我來說愈來愈重要，我必須鼓勵自己，告訴自己並不太弱，凡事一步一步來。

我必須好好的問自己為什麼要一次一次的表演，即使身體疲累還是要加把勁，我必須問自己當天身體的狀況如何，我必須觀察自己體力的狀況，我必須為自己的安全謹慎小心。

這些心理準備愈來愈重要了，我一直在思考為什麼會這樣？

以前並不會有這方面的問題，我發覺應該是我當完兵了，每分每秒都須為自己的未來負責。每個腳步盡量小心翼翼，因為我要走的路並沒有先例，我是看不見未來的。

當我忙得慌亂的時候，我就要冷靜思考自己到底現在在做什麼。慶幸的是，到目前為止明確的目標還在，只是過程應該如何完成，還是必須一點一滴的累積而得出答案，然後執行。

「我今天仍然要賣藝！」我這樣告訴我自己。

因為這是我的第一步！

今天的表演晃管加了蛙鏡喔！每次的表演，我總是希望能夠有一點點的進步和改進，這也是我想要街頭表演的原因，因為可以快速修正以及較多次數的被看見。我覺得如果想要專精在一個領域，就必須天天與它工作，天天進步。

觀眾對於我戴上蛙鏡，都有他們自己的想法，他們會討論為什麼要戴蛙鏡這件事，有人會跟朋友解釋說，我是在海上衝浪。

沒錯，我的靈感就是來自衝浪！因為我沒法去海邊玩，就在表演時過過乾癮囉！觀眾喜歡戴蛙鏡的笑點，特別是最後的Ending Pose，他們都會笑出來。

奇妙的是，當表演者展現幽默時，觀眾更能接受他，觀眾更能跟表演者在一起。謝謝今天的觀眾們，你們給我上了一堂很好的課。

四個管在第二次正式表演時失誤了，觀眾有點嚇傻了，我鼓起勇氣，再次將它表演成功。

就在成功表演結束時，我看到了我的大學同學鍾伯淵和李孟融，他們是一個劇團的負責人，看到他們實在滿開心的，雖然沒有說到什麼話，謝謝他們來看我表演。

與其抱怨沒有觀眾群，不如主動走進人群培養觀眾群。

小妹妹看完表演後也想後空翻，弟弟看完表演後想把我的呼拉圈帶走。

為什麼要在街頭表演，為什麼要過這種生活，別人在讀書背一大堆的文字時，我在練習倒立；別人在聯考的壓力下時，我在思考著怎樣能夠練習更多的技藝；別人大學解放自己時，我在憂鬱著如何將自己喜歡的東西在臺灣拓荒、開墾；別人選擇辦公室時，我選擇街上當我的舞台。

我想過著我能選擇的生活，我想過著沒有塞車的日子，我想過著自己逼迫自己的日子，我想親眼看看別人口中的世界。

我想自己描述我眼中的臺灣，我想寫一本獨一無二的日記，我想為我獨特的成長背景表白，我想要走出一條屬於我自己的道路，為短短幾十年的生命留下點什麼，就算最後什麼都沒有，至少要留下一種精神。

不知為什麼，我常覺得自卑，覺得自己會的東西不夠好，想要再多磨練磨練，所以我要一直安慰自己、鼓勵自己，告訴自己別想太多，只要做到今天為止能做到最好程度的表現，就是最棒的了；其餘的不完美，一點一滴的進步吧！

五場，九九四五元。

新竹 殘破之都

科技寵兒旁的舊愛被遺棄在一旁，任由凋零、殘破……

Zespri
GOLD
Kiwifruit

桃園萬亂之都

什麼都有、什麼都包容、什麼都並存，看起來非常紛亂，但是又彼此互相依賴。你可以說它什麼缺點都有，也可以說它什麼優點都有。

三民路
二段
Sec.2 Sanmin Rd.
41- 77 83-129
182-198 200-206
風情MOTEL
TEL:2182727
陽明公園旁
精裝宅
每坪25000
WWW.8889.COM.TW
住宿7折起
休息780元起
洗髮 120
剪髮 399
彩繪指甲 399
SALON
HAIR NAIL BEAUTY
(03)3564332
月子中心
02-2608-0808
男女三溫暖
日場只要 199
Wego
MOTEL
湯淺電池
各式電池
批發零售
大同
3C
展售中心
全面九折
END
POLIO
NOW

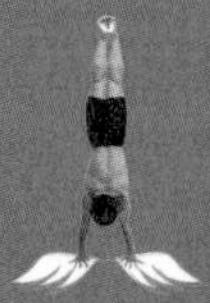

第拾章

倒立看臺灣。

完成夢想拼圖的「手步」曲

這個環臺計畫最讓我著迷的地方，在於和各地人的接觸，
我一次又一次的發現以前所不知道的事情，
一次又一次的感受人情冷暖，
聽著一個又一個的故事，看著一個個風景，
感受這塊土地各種不同的脈動，
了解臺灣人對待這塊土地的態度。

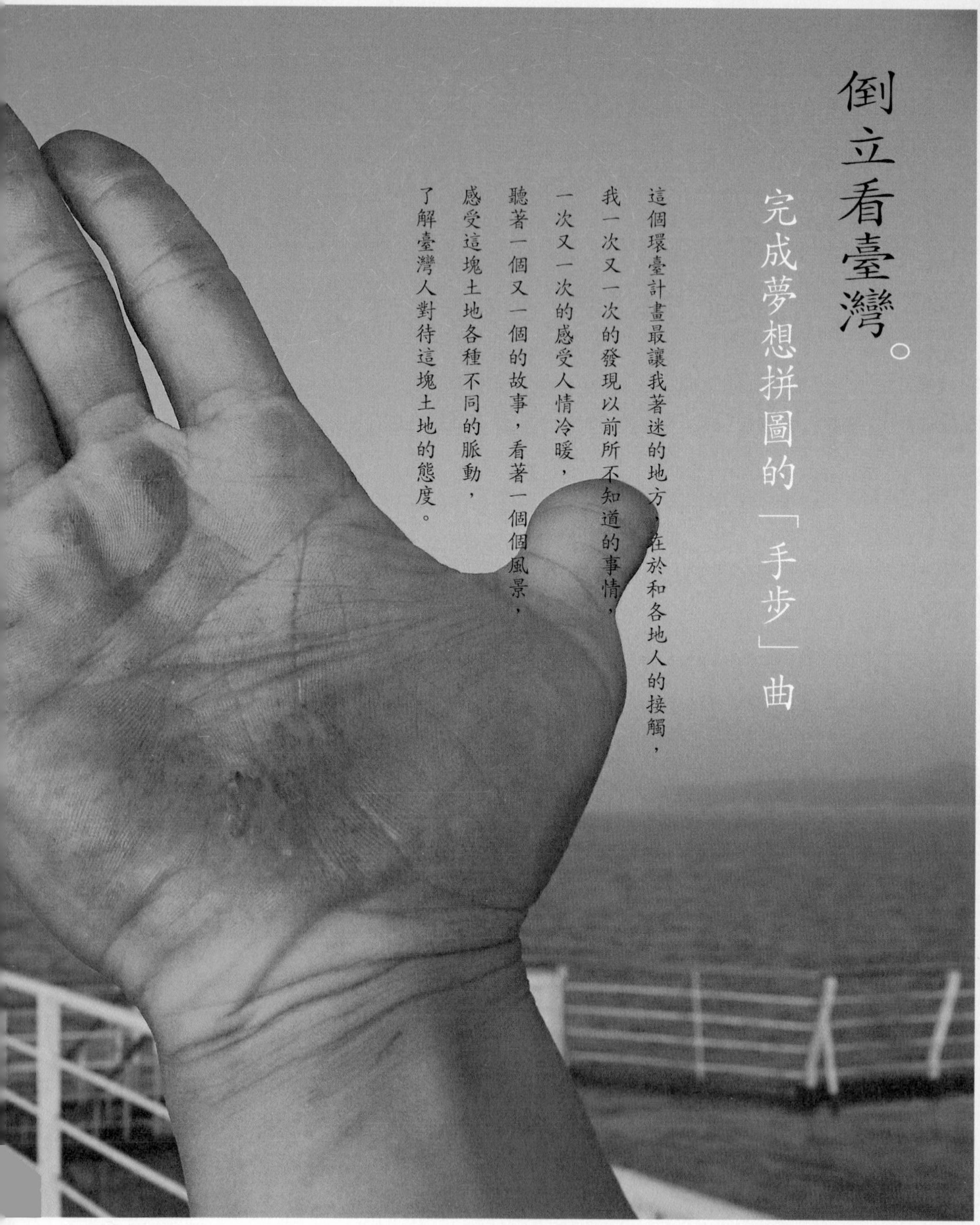

「臺灣屏東縣民有一位老兄真的很奇怪，他竟然倒立環臺自拍！」有一陣子，媒體報導之下，許多民眾都知道有個人倒立環臺。但倒立先生真正在做什麼？

大聲說出自己的夢想

在臺灣，誰敢大聲說出自己的夢想？很少，只有極少數人願意這麼做，因為這麼做會被笑。我不是不怕被笑，只是當我走在夢想的道路上時，世界的價值觀會在我的世界裡消失，一切重要與不重要都已不是靠外在世界來定義，而是由自己定義。世界上所謂的成功對我而言，都是虛幻的名詞，我真正在做的只是想完成自我，無關乎榮譽、無關乎成就，就是單純的做我自己。

我喜歡倒立和表演雜技，但是臺灣的表演藝術界沒有雜技這個科目，國小教科書裡也沒有提到臺灣有這一項表演藝術。當我表演給臺灣觀眾看完之後，他們都以為我是從蒙古來的或者是大陸人。

曾經，屬於政府兩廳院的《表演藝術雜誌》在跟我索取作品照片時，因為我堅持要有「雜技」的稱呼，他們的文字編輯竟然覺得太複雜。

藝術在臺灣屬於非主流，表演藝術在藝術圈也屬非主流，雜技在臺灣的表演藝術圈可能根本不入流，我所面對的現實世界幾乎是一片荒原！

我十八歲剛從國立臺灣戲曲學院畢業時是如此，二十五歲從大學畢業還是如此，我生在這麼現實的社會裡該怎麼辦？

於是，我將我想做的事情以及經營臺灣雜技環境（包括雜技推廣與教學、國際交流）的事情設計在一起。我想做的事情是表演、倒立拍照、環遊世界、靠自己完成夢想、寫一個叫做黃明正的故事，而且讓全世界都知道。

就我的背景及經歷，我知道有一些方式可以完成我的夢想，如街頭賣藝、劇場作品巡迴、展覽、寫書、駐地創作、教學、講座、影展（紀錄片與影像作品）。

於是我思索，有哪些是只要我一個人就可以完成所有想做的事情？有什麼方式是可以滿足每一個想做的事情又兼具經營環境的方法？

我必須要為自己建立一些發表的平台，消息才會散播出去……非常多的問題待解決、非常多的事情要做，光是想就知道非常辛苦。我一直反覆想著：這真的是我想做的事情嗎？

當一切的詰問都回到最原始的動機時，我清楚的聽見心裡的聲音：

我喜歡表演雜技嗎？是的，我喜歡，但臺灣沒有環境，一切要從零開始。

我想倒立拍照嗎？是的，我想，因為那是我十三歲就想做的事情。

我想旅遊嗎？是的，因為我想看看自己的家鄉（臺灣、地球）長什麼樣子？

我想藉由作品表達我的想法嗎？是的，我有話要說，而且我的觀點很獨特！

我想過的生活是什麼？我想過屬於自己創造出來的生活。

所以我的答案是：要經營自己天賦的舞台，我要下一代有雜技天賦的小孩有更多可以選擇的舞台，我要藉由我的夢想計畫，帶動整個臺灣雜技環境。

接著，我就仔細思考，如何達到這些夢想？

所有我想做的事情都跟環遊世界有關，因為我要蒐集全世界的雜技歷史、創作模式與教育方式，我要到全世界倒立拍照、我要旅行全世界、我要跟世界說我是誰、我要將所有的感覺變成我創作的素材。完成這些事情需要具備什麼能力？環遊世界最需要什麼？錢。

什麼方式可以不斷的賺錢、可以在世界各地賺錢？而且我必須使用我會的事情來賺錢，因為我不想把時間花在我不喜歡的事情上面。什麼方式可以邊賺錢邊創作？什麼方式可以邊賺錢邊旅行？什麼方式可以不受語言的限制還可以賺錢？什麼方式可以無牽無掛的賺完錢，不會留下任何的垃圾以及牽絆？

我想到我從高中時就曾去街頭表演賺過錢，大學畢業前夕為了要發表作品，我也去街頭賣藝籌錢。我想到「街頭賣藝」可以解決所有的問題，而且賺到的錢是現金。於是我的結論是：只要訓練出街頭賣藝的能力，就可以完成我所有環遊世界的夢想計畫。

當我找到一種可以解決所有問題的方法時，那種興奮感根本無法形容。

知道了，就沒時間抱怨了，那就開始吧！

所有的計畫、所有的夢想、所有的策略，總要有個開始、總要有個基礎和基地，對我來說那就是——臺灣。

啟動環臺倒立自拍計畫

二〇一〇年，我展開為期一年的環臺計畫，先以臺灣為基礎，籌備八個月，然後正式環臺五個月。我預計的環臺計畫是三年（二〇一〇～一三），一年一年的打下基礎。不僅是知名度、創作作品內容，更重要的是觀眾群的建立。

而所有的夢想計畫都有個原則：我想要突破臺灣「從國外紅回來」的畸形人才培訓法。我要從臺灣紅出去，再把世界上最好的東西帶回臺灣，我想要用對家鄉真正有實質幫助的方式經營我要的環境。

聽起來很複雜的夢想計畫，只有我自己最清楚過程，就只是回歸到最簡單的事情：我就是一直表演、一直創作、一直倒立拍照。

於是，倒立先生的故事，在二〇一〇年開始了……

二〇一〇年三月，我從故鄉屏東開始，一個縣市大約駐點一個星期，蘭嶼和綠島就停留三到四天。我用Z字形走臺灣，以屏東為起站，然後臺東、蘭嶼、綠島，再走南迴到高雄、臺南、嘉義；再到澎湖，雲林、彰化、南投，再走中橫到花蓮、宜蘭、臺中，再到金門，然後回到苗栗、新竹、桃園、馬祖，再到臺北。

每到一個城市，我都有不同的感受，於是為這些城市分別取了不同的名字：

屏東——溫順之都，臺東——飢渴之都，蘭嶼——神祕島，綠島——商人島，高雄——暴力之都，臺南——皇裔之都，嘉義——平和之都，澎湖——獨立之都，雲林——凡農之都，彰化——遺忘之都，南投——天厚之都，花蓮——邊緣之都，宜蘭——未來之都，臺中——阿鼻之都，金門——活力之都，苗栗——幸福之都，新竹——殘破之都，桃園——萬亂之都，馬祖——境外之都，臺北——詛咒之都。（在書中每章末一一呈現）

我將在旅途中拍到的倒立影像與觀察到的臺灣現象，創作成劇場作品發表《透明之國》，雖然這個作品讓我負債了四十萬，但苦盡甘來，二〇一一年五月十四日，我獲得台新藝術獎的評審特別獎，獲得了三十萬獎金，除了鼓勵也有實質的幫助。

觀察員傅裕慧說：「在倒立、口技、繩技、晃管、迴旋標、武術與頂報紙等特技肢體表演之外，黃明正以倒立方式，凸顯畫面當下的美，同時也以高難度的倒立據點（例如籃球框、卡車頂和摩托車後座等等），襯托他那辛苦拍下千百個鏡頭背後的故事和觀察。因此，即使僅有七十分鐘左右的演出，現場交流的氛圍與感動，卻能包涵了他行旅體驗下的人、事、物。現場的特技假不了，鏡頭中鮮活的互動裝不像；《透明之國》絕非戲劇表演，也難以單純的劇場演出視之，這是一個具有行動藝術精神的馬戲寓言。戲劇扮演的包裝（例如政客、小販或遊民），是為了傳遞他對種種現狀的批判；馬戲特技的呈現，才是他眼底所見臺灣人的生命實踐。做為一位表演藝術工作者，黃明正不僅走出了黑盒子劇場，走入常民生活裡，而且用一雙手，展現難得一見的決志。」

我被星星們幫助著

透過這個作品，我希望帶給臺灣觀眾擁抱自己的勇氣。走遍整個臺灣，我看到在角落裡默默付出的臺灣人，我稱之為「星星」，這些人為數不少，但普遍缺乏深層的自信心，我希望這個作品可以讓他們更有力氣繼續下去。

環臺這一路上，我被星星們幫助著，他們幾乎不求回報，我在心裡許下承諾：要把星星的力量帶給下一個人。所以，有夢想的人不要害怕，因為星星們會保護你；一旦有能力成為星星之後，也請你保護下一個有夢想的人。我是被許多星星保護過的人，所以希望自己也成為星星去保護更多的人。《透明之國》就是我把星星們的力量傳下去的一種方式。

我在這十三個月裡，幾乎天天寫日記，記錄了我每次街頭賣藝的心情，以及在臺灣各個地方和人物、風景相遇的觀感，還有我的快樂與挫折，悲傷與喜悅。這是我人生中很重要的經歷，也是我和這個世界的對話。我在《透明之國》的節目單裡，也寫下這個作品的內涵及跟觀眾探討的問題：

當你／妳知道了自己是誰，你／妳願意花多少代價找回自己？

當你／妳發現世界不對勁，你／妳願意花多少力氣改變世界？

不管我們想成為哪一國人、不管我們是哪一黨、不管我們是有錢人還是窮人，我們可曾善待過我們住在上面的這塊土地？

我們究竟要給臺灣的下一代什麼樣的生命態度？

我們是否有選擇的能力？

環臺二萬公里之後，我覺得臺灣的土地美麗得像太陽、未來像月亮、政治與黑道像城市光害，有很多在角落默默付出的人，他們像星星一樣隱隱發光。

臺灣的土地美麗得像太陽

臺灣有許多地方都非常漂亮，看到這片土地所呈現的美麗，不禁讓我很驕傲自己可以在這片土地上長大。這塊土地散發出像太陽一般的能量，給臺灣人農作物，給臺灣人使用。但美麗土地襯托之下的城市，就顯得醜陋許多。很多常旅行的臺灣人都知道，在臺灣，人愈少的地方愈漂亮。

未來像月亮

在環臺的旅途中，經過不斷的上山、下海、城市的旅行過程，發現臺灣人非常欠缺與環境共存以及與生物共生的觀念。人為的自私發展，開發等於破壞，我們的思維只照顧到人，並沒有同時照顧到土地與其他生物。山地開墾未經過深思熟慮、海產撈捕未經過控管、田地改建荒謬案件多、森林維護並不積極、能源方式也一直未有較好的產生方式。我們缺乏對自己土地的認識、保養方式與認同感。

開車在這塊土地上看沿路風景，一直會讓我想像這片土地原來的面貌到底如何？我很好奇為什麼會變成這樣？我們的城市好像鐵皮屋一樣，不美而且便宜。如果各方面不以「深耕」的方式經營，而以「經濟考量」的方式經營，缺乏自己的信念與堅持，我們怎麼自己發光？也難怪我們的人才始終要從國外紅回來。

政治與黑道像城市光害

在各地聽百姓的對話與聊天，大家心裡都知道：臺灣的民間像政府、政府像民間、黑道通行無阻。這個現象不一定不好，因為黑道力量在經濟不景氣的時候養活了很多家庭，重點還是在自稱為白道的政府機制，像一隻瞎了眼的大螃蟹，無能為力又瞎忙，沒有方向、看不見未來、搓一下才動一下。所以我希望大家不要亂投票。

有很多在角落默默付出的人，他們像星星一樣隱隱發光

許多臺灣百姓深知臺灣的不完美，卻仍默默堅持理想在角落付出、保護該保護的人。一路以來，我受到許多星星的保護，我就像走在沒有路的路上，星星隱隱的為我照亮前方一步一步的路，星星們無言的說：「你做的事情是好的，但會很辛苦，鼓勵你也很怪，但……我用我擅長的方式幫助你……」

星星用各種方式（攤販的小吃、一句鼓勵、一個字條、一點點經費支持）傳達相同的意念：默默的繼續下去、大家需要你。所以我告訴自己，要用自己擅長的方式將力量傳給下一個人。

各地的待客之道

我觀察到，北部人比較冷漠，但是當你需要幫助時，他們會拉你一把。南部人比較熱情，但是當你需要幫助時，他們會先搞清楚你是不是他們的人。東部人很好客，但他們的生活普遍比較辛苦，能幫到的忙他們一定盡量幫。而外島人只要看到外來客，二話不說都會來幫助你。

我是開車環臺的，我感覺出了臺北後，有百分之七十的加油站油品有問題，因為我的車很舊，油好不好一加就知道。

心的旅程——夢想生夢想

透過我的成長故事、環臺日記以及創作，其實不難看出來，這其中我自己對生命方向轉換的過程，寫完此書的將來，我會不會又有新的疑問與發現，我自己很期待。

經營臺灣雜技環境的第一趟夢想旅程結束後，為我所有的夢想計畫打下了非常重要的基礎。接著，夢想生出了新的夢想，經營雜技環境已經不難了，只要把我的夢想計畫執行下去，這件事就會被改變，我想分享新的夢想給大家，這新的夢想與這三件事情有關：

一、我發現臺灣人普遍做的工作，不是自己的興趣或天賦；

二、我發現臺灣人普遍不知道如何具體面對、實踐夢想；

三、我發現臺灣人很喜歡臺灣這片土地，卻不知道該如何保護它。

我的新夢想，就是希望能改變這三件事情。

「你找到你來這個世界的原因了嗎？當你／妳知道了自己是誰，你／妳願意花多少代價找回自己？」

二〇〇九年七月十七日到二〇一〇年八月十五日，我環臺計畫所做事情的一些數據

・近六百次的雜技表演（臺灣各地街頭、偏遠地區學校、弱勢機構）。
・街頭賣藝及各地表演賺得九十二萬經費（結束時還欠二萬）。
・寫下十萬字的環臺日記。
・臺灣二萬公里的旅程，成為創作素材。
・臺灣二萬個觀眾聽過倒立先生的夢想。
・倒立自拍攝影一千兩百張照片、二百五十個流動畫面鏡頭。
・臺灣雜技市場調查完成（習慣、笑點、賣點、各地舞台、各地售票機制、各地行政方式）。
・強烈自殺念頭一次。
・瀕死N次。
・開車睡著N次。
・想放棄N次。
・環遊世界自我試煉第一階段完成。
・同時製作兩部紀錄片。一部是《Mr. Candle-Taiwan》，由我擔任製作人兼導演；一部是《時間之旅》，我擔任製作人，導演是周東彥，此紀錄片獲得國家文化藝術基金會與公共電視紀錄片的專案補助。
・各大新聞、媒體採訪報導（倒立先生的誕生）。

我深知我很幸運的有一對開明的父母，他們依照我的天賦與興趣，刻意栽培我，陪著我走在經營天賦、興趣與完成夢想的道路上。我不是要問你有沒有一對開明的父母，我想要問的是：你將會是開明的父母嗎？

「當你／妳發現世界不對勁，你／妳願意花多少力氣改變世界？」

環臺過程中到喜憨兒的機構表演時，我深深覺得自己好手好腳好腦袋，如果沒有將這些條件發揮到最大可能性，真是浪費老天爺給我的禮物。到老人養護院表演時，很多老人都熱淚盈眶的對我說：「謝謝你，年輕人，你真的太熱情了。」也有很多老人會默默的走過來說：「唉，看你這樣，我真不知道自己這輩子在幹什麼？唉。」然後轉身離開。剛開始聽到老人這樣說時，我都會覺得很不好意思。聽多了以後，心中有很深的哀傷。

有一次，我在綠島倒立拍照時差點被海水捲下去，那一刻深深體會到生命的稍縱即逝，所以我們要把握時間，做自己想做的事，珍惜身邊的親友。

周星馳的電影《少林足球》裡有句台詞：「如果人沒有夢想，那跟足球有什麼兩樣？」勇敢的說出自己的夢想，將現實與夢想設計在一起，全力以赴的去實現吧！

到各地倒立自拍及街頭賣藝，會遇到很多對我有疑問的人。老伯伯們在問完我做的事情之後，最關心的還是：「你這樣很好命，可是會有錢賺嗎？身材不錯喔，狗公腰喔！你娶了沒？」

遇到年紀和我差不多的年輕人，幾乎都是這個反應：「哇，你這個人真是太熱血了；哇，要爆炸了，啊！」看了一會又會說：「我也有想做的事……可是……你要加油！」他們欣賞我的勇敢、羨慕我的眼神因為夢想發光，但他們大部分都會有個「可是」。

小朋友的反應有三種。

一種是：哇，夢想啊……我以後也會有，而且比你強！

一種是：媽媽（驚逃）有變態。媽媽把她接入懷中之後會說：「噓，人家是藝術創作工作者，不要亂講……快走（奔）！」

有些媽媽會跟孩子仔細說明，鼓勵他有夢想就要追尋，然後建議孩子在我身邊觀察。

從上面的情況可以證明，時代不同、思維不同，世界是慢慢的在改變了，我們可以更有意識的營造適合天賦、興趣與夢想滋長的新臺灣。

無論外在世界多麼適合有夢想，或是多麼惡劣讓人很想放棄，最後還是會回到自我對話：為什麼我要做這個？我是誰？為什麼要這麼辛苦？我想分享一些經驗，當你有夢想之後，世界跟你的關係會產生質變。處理這些關係的質變，是夢想道路上很重要的關鍵。

面對家人，他們是最擔心你的人，反對最強烈的可能就是他們，因為你是他們的寶，你是他們最關心的那個人。如何透過不斷的溝通，想盡辦法讓他們「安心」是最重要的事。也許需要經過十年，他們才能了解，但一切情況掌握在你的心裡，就看你願不願意。

面對社會，如果不尊重原本就有的社會遊戲規則與道德，它們同樣不會尊重你。有一次我在街頭賣藝時，被旁邊的攤販大哥趕走，我心裡當然很不爽，但是我知道我表演的空地太小，擋到他們做生意了，也只好選擇離開。倒立拍照時，面對警察的驅趕，我也是選擇離開，他們也是因為職責所在。總之，我不希望我的夢想而搞得大家非常不舒服。

有種情況是，你的夢想是要改變現況，只要那件事合情合理，就必須硬著頭皮闖。比如兩廳院《表演藝術》雜誌的文字編輯跟我要照片，我要求註明「雜技」這個類別而跟他鬧僵，這是逼不得已的事，因為我是對的，很謝謝他們最後幫我寫上了類別。

革命確實是需要一點犧牲的，尊重原本世界的運作和拿捏革命犧牲之間必須小心控制。原則就是：尊重別人，別人也會尊重你。

我刻意將面對挫折的能力培養起來。面對挫折時，我會盡量讓自己休息和冷靜下來，反省為何會變成這樣。

用心經營，垃圾也會變黃金

環臺過程中，我曾一度很想跳到花蓮的海裡。當時我的環臺計畫進行不下去了，我不但體力耗盡、緊急預備金用光、意志力被過度疲勞的肉體摧毀，又到人口少、賺錢非常不易的地方，連臺灣都還不完還想環遊世界，我的自信被摧毀殆盡；加上原本就對未知的未來感到非常恐懼……種種情況加總在一起，讓我陷入深深的絕望裡。

我反省自己為何會落到現在這個地步，才驚覺到是我讓自己太累了，就算是做自己想做的，也要勞役均衡，不能毀滅自己。我的汽車壞掉、數位單眼相機摔到、意志力被摧毀，全都是因為太累。沒錢就借吧，但由於小時候家裡有被銀行追債過的恐怖經驗，使我不敢向人借錢。我讓自己打破一些原則，跟同學林芳如借錢，讓計畫得以繼續下去。

我想起孤兒院裡的小朋友，縱使他們沒有生活的自由，還是樂觀面對，他們的勇敢是我要效法的。我想起用耐心與愛心照顧喜憨兒的志工，她們也是我的偶像。我想起老人院的志工，必須擁有鋼鐵般的意志，才能不斷面對沒有成就感的工作，去照顧身體只會愈來愈衰敗的老人。我也想起老人走過來對我說：「看你這樣，我真的不知道這輩子在幹什麼？」

我想起許許多多默默鼓勵我、幫助我的人的臉孔，我告訴自己，不能讓他們傷心。我體悟到：當我什麼都沒有的時候，才發現其實我什麼都有了。有句話我放在心中，當現實與對未來的恐懼感襲上心頭時，就會對自己說：「一輩子就是幾十年的時間，你想用它們換什麼？如果你已經在做了，就不要害怕，吃飽睡飽再繼續吧！」

環臺結束，在發表《透明之國》的過程中，我又欠下更多錢，我深刻的警覺到，沒錢對我是很大的致命傷。一遇到沒錢，我就會非常沮喪，可能是我只想靠自己，加上一年來都是透過非常辛苦的方式賺錢，未來的舞台也不知道在哪裡。我覺得自己已經沒有力氣再這麼辛苦的賺錢了，我幾乎想放棄發表下去了。還好夥伴讓我多休息，朋友緊急的借錢給我，無息無借據，讓我把《透明之國》發表完。我看見自己截至目前為止最大的致命傷：沒錢的恐懼。現在的我仍在跟這個最大的恐懼奮鬥，希望可以預防它的到來。

處理夢想所產生「與世界之間關係的質變」，以及面對挫折時的「自我安慰能力」，反而成為夢想道路上很重要的事情，因為夢有多大，能耐就要有多大。

最重要的是，「做人」才是一切的基礎。

我是一個在臺灣被愛養大的人，我希望可以將星星們給過我的愛，用我最擅長的方式傳給下一個人。

如果你在這本書裡得到了力量，可以的話，請你答應我：用你最擅長的方式將力量傳給下一個人，並且不要放棄希望。

未來一百年，我們會變得怎麼樣呢？聽見自己內心的聲音，也許才是改變的開始。只要找到你真正喜歡的東西，就算它是別人眼中的垃圾，只要用心經營，垃圾也會變黃金。我們都要加油才行。

我要帶著倒立先生黃明正的故事，航向全世界。

這是第一場街頭賣藝，所有的一切從這裡開始。
（林芳如 攝影）

時間之旅日記

2009.7.17（五）

臺北

劍潭捷運站熱鬧出口旁的微傾斜空地

捷運在頭頂上，不時的大噪音會強暴你的耳朵，後面有婆婆媽媽等的公車，左邊有年輕人愛用的捷運出口，前面也有零星的公車站牌，人行道外就是馬路，擁擠且吵雜的大量汽機車，那個地方容易讓人心煩，因為噪音是最大特色。一個被都市缺點包圍的空地，一個你必須專心想才能知道自己是誰的地方。

我們選擇在那裡（籌備當機劇場的行政總監叫芳如）表演，因為好的地方管理單位只想租給攤販賺錢，不免費提供給街頭藝人表演。人多的地方已被小吃占滿，我們選擇了一個不會有街頭藝人想表演的地方，應該說，不會有太多人想逗留的地方。

不是我找死，只因為我對自己有點信心，只要我表演就有觀眾想看並且投錢（那也似乎是我唯一有信心的事情），而且我要的是流浪的經驗，而不是獲得多少報償的喜悅（當然錢是多多益善）。

表演開始，大部分的觀眾不太習慣有人在這裡表演，不太相信自己看到的。九十秒後有人駐足，接著愈來愈多人停下來觀看，隨著表演內容而心情起伏，表演的東西愈危險，觀眾愈愛看，他們完全不希望你失誤，但他們喜歡看危險的表演。

夕陽斜照，金黃色的陽光照印在汗水覆蓋的身體上，我瞬間變成黃金戰士，馬戲道具是我的武器，我們一起表演流浪生命的練習曲，屋頂是無垠的藍色天空，唯一的裝飾是朵朵白雲。

舞台的布景是未經深思熟慮下所搭建的百年建設，音樂是車水馬龍發出的怒吼聲，觀眾的掌聲是唯一悅耳的音符，零錢的叮噹聲象徵結束時的落寞。

我看得見含蓄的婆婆媽媽來投錢時的極度低調，她們時常低著頭投下大量的金額給我。我看得見小朋友跟父母要完錢後投錢給我的喜悅，我看得見年輕人對我的尊敬所投下的少量零用錢，這些都發生在短短的二十分鐘。

一個簡短的開始與結束，我可以感受到生命的能量與觀眾的連結就在表演時。表演結束，大家又回復到各自是不認識的陌生人，一起被都市的塵囂淹沒，最後連一句再見也沒說。

開演前，天空中的一抹彩虹在為我喝采。

約三場，一七〇〇元。

媽媽是我的偶像。覺得自己很累時都會想到她，因為她更辛苦。

時間之旅日記

2009.8.28（五）

臺北

信義區新光三越廣場

空氣中飄來一顆微笑的頭，那是我的頭。

接著，鼓掌中的雙手也飄來，接下來是跳舞的腳，以及撲通撲通、鏗鏘鏗鏘各種音樂作響以為自己是樂器的五臟六腑。

紅色的血液看似火焰，時而聚集，時而變換隊形，變成上億個小小血珠散滿空中，剩下的肉四處狂射，朝它們想去的地方飛去。

我爆炸了，被自己的夢想累炸了，但我很快樂也很沮喪。

我有身體，我只有一個身體；我有時間，我只有一些時間；我有夢想，我有無限的夢想。

小心，別失去平衡，不然病的病、倒的倒，嚴重的話就是掰掰了，下輩子如果還記得，請繼續。

過勞與懶惰的差別在哪裡？

我有一個偶像，她是我媽媽。她辛勤工作、她照顧全家、她照顧朋友、她溺愛自己的小孩，她願意犧牲自己來成就一個家，不怕苦不怕累，只怕她心中要保護的人挨餓受凍，她有無盡的愛，她有無止無盡的愛。當我累了、懶了的時候，都會想到她，於是我繼續一步一步往前，她的愛給了我無窮無盡的力量，她的愛給了全家一張安全的保護網，保護每個人的夢想，保護每個在外受傷的心靈，我不曾告訴她，她是如此的重要。

我不敢喊累，因為我媽比我還累。

今天透過表演證實了我左下腹肌嚴重拉傷，連走路都會痛，原因是使用過度。光是後空翻，五個禮拜裡我就翻了大約三百七十五個後空翻，倒立三百七十五次，單手平衡一百二十五次，還有其他有的沒的練習及表演項目就更不用說了，所以嚴重拉傷，我好沮喪。

我告訴自己要休息，不要再那麼不要命的做事了，「要求品質」變成我下一階段的目標。也就是說，我不再表演那麼多次，但保持每次的品質都不錯。也只能這樣了，不然身體受不了。

我好想哭，但是哭不出來，因為太認真所以受傷，因為怕進度落後所以停不下來，因為我需要籌錢買器材以及生活費，因為我要完成我的目標，所以我必須不停的做下去。

但身體受不了，身體受不了，身體會受不了……我要記住這一點，我要提醒自己記住這一點。

下午練習時，我深刻體會到我是「幹這一行」的，這是很奇妙的體認。好像終於知道自己要做什麼了，之前都還在摸索與探險。現在的我，似乎愈來愈清楚自己是誰了。

有個小朋友來看大約有四次了吧，我特地表演繩子給他看，希望他會喜歡。他好像叫做「屁蛋」，好動、不容易定下來，但他是個天使。

他爸爸問我：「今天老婆沒來喔？」我說芳如是我的大學同學，現在在念藝術管理研究所，負責策劃、籌備我要經營團隊的所需事務和執行。他說芳如是好女孩，叫我要把握。

芳如，你聽到了嗎？有人如此盛誇你耶！

開車回家時，我塞了從便利商店買來的一包冰塊，放在褲子裡冰敷我的下腹部。

滿好笑的，滿痛苦的，也滿心酸的。

……

約三場，二二〇〇元。

時間之旅日記

2009.9.18（五）

臺北

信義區新光三越廣場

與我相依為命的道具——晃管。

念劇校時，老師常針對「學習技藝」的過程說：「要學會一招，一開始你學會這個動作，等表演一陣子後，你會突然困惑起來，好像變得不會了；但是當你再用心練習，又會抓回感覺，那時才算是真正學會了，學會的東西就不容易跑掉了。」

聽起來很神奇吧？他的意思，其實就是要能完全掌握一個技巧或是表演項目，除了時間因素外就是要身體力行，將發生失誤的原因完全掌握，在表演時謹慎的排除失誤的可能性，這樣就可能萬無一失了。

聽起來很簡單的幾句話，但是真正要做到其實是需要很多心力的。

我發現之前的低潮和過度疲累，讓我忘了觀眾喜歡看什麼，或者該說忘了表演者應該要怎樣面對觀眾。這禮拜我找回那種感覺了，就是「不去想雜事，只專注當下並奮力表演」的高度專注狀態。觀眾希望看見一個「願意並且喜好表演的表演者」，如果連這個基本態度都沒有，其他的就不用談了。再高超的技巧，如果觀眾感覺不到「熱度」與「感染力」，他們會直接轉身就走的。

街頭賣藝時，遇到因好奇而停下來的觀眾，他們就是第一個觀眾，他們也是樁腳，無形的樁腳。這種緣分不知是從哪裡來的，感恩。

今天第一次表演晃四個管加上丟球，觀眾驚呼連連，我也很高興自己的表演更吸引觀眾了，變得更有自信。

……

六場，五六五〇元。

時間之旅日記

2009.10.7（三）

臺北

當你專心一志在一個世界上獨一無二的計畫時，你會有一種極度的快樂感，並非瘋狂能形容，因為它同時有一種極度的平靜感共存，就像感覺「Everything is out of control, but everything is still under my control.」

西門町徒步區（西寧南路旁）

這是一個高度瘋狂的計畫。愈往前走，會覺得我離大眾生活愈來愈遠，不知從何時開始的想像。

五個月前，這只是腦袋裡的概念；三個月前，這只是開會中的內容；一個月前，開始有點足夠的經費。現在所有的人、事、物正集中火力把事情完成，一起完成一件看不見未來的計畫。

大家被我的熱情打動了嗎？

大家被我的執著感動了嗎？

大家被我的愚蠢吸引了嗎？

大家跟我一樣享受這個計畫所帶來的奇異快感了嗎？

觀眾為什麼會投錢給我？

失速的列車卻超快的行駛在軌道上，一切並沒有失控，一切如計畫進行，但卻感覺這一切真是瘋狂。

為什麼感覺瘋狂？因為這一切太夢幻嗎？

我不知道我是誰，我不知道為什麼我有這麼多的腦袋，我不知道我會寫字，我不知道誰在開車，我不知道誰在氣悶的地下停車場練習，我不知道哪來的力氣反覆搬動沉重的表演道具，我不知道那些已經很忙的夥伴為什麼對我那麼好，我不知道該跟他們說什麼，我不知道該如何謝謝他們。

我不知道……我不知道為什麼那麼多我不知道，我迷失自己，我不知道我是誰，因為太夢幻。

……

我不敢相信在這兩個禮拜以內，我所買的裝備及計畫中所需的物品是那麼多且複雜，每一個裝備都需要先做功課、比較價錢、考慮跟其他裝備的相容性、考慮重量、想像該如何使用、到店裡實地摸索、殺價、購買，然後買更多相關所需配備。

我從來沒買過那麼多東西，我從來不知道原來買東西有那麼多事情要注意，這個世界瘋狂性的豐富，永遠買不完，永遠有等級更高的貨物，永遠有更新的版本，永遠學不完。

殺不完的價，比不完的價，衡量心中的價，盤算心中合理的價，口袋裡可以負荷的價。

我一直在吸收新知識、一直在學習新技能、一直在推算整體計畫的運作方式，沒有一刻停下來，也沒有時間停下來。

布拉曾對我說：「Oh my God，我們竟然發現一個舞者！」也許他並不知道這句話對我的影響有多大。

我不知道我哪來的精力，我並沒有每天吃喝高級補品，但我相信我和夥伴所做的一切都朝高度要求前進。

進化再進化，這是我這輩子的宿命嗎？

我不知道自己是否要完成這些事情，但是所有的跡象顯示，這是只有我才能完成的事。

表演到一半又來攪局的警察，你們辛苦了，我不是不喜歡你們，只是今天我是以街頭藝人的身分說出對你們的觀感；當我不是街頭藝人的時候，會有別的評價的。

今天遇到布拉，他是我之前的老闆、老師、工作夥伴，今天最後一場是為他表演的，謝謝他的鼓勵。

三場，三七四〇元。

第一次買數位單眼相機。

時間之旅日記

2009.10.9（五）

臺北

西門町徒步區（西寧南路旁）

今天的開場白加入了這個計畫的基本介紹。

「大家可以再靠近一點，只要不要靠紅線太近就可以了，因為紅線是安全距離，也請小朋友千萬不要跑進來，因為表演是有危險性的。

「這是一個街頭賣藝的環島計畫，現在正在籌備中，你們所看到的攝影器材是這趟計畫中的紀錄工具（今天開始使用腳架）。大家不用害怕，它就只是工具而已，重點還是回到表演身上，希望大家會喜歡我的表演。」

奇妙的是，因為這段開場白，感覺觀眾對我更熟悉了，更能集中的看我表演，更能吸引觀眾聚集起來看我表演。

表演結束時，我的最後一句話是：「如果大家還喜歡我的表演，請給我一些支持，讓我做更多的事情。」

我和觀眾感覺距離滿近的，我的表演讓他們喜歡，他們因此更認識我一些，表演的氣氛明顯變得不一樣了。

我不是故意要賣弄夢想的情節，我只是想分享自己正在做的事情是什麼，觀眾顯然對這方面還滿有興趣的。

三場，七一二五元。

宜蘭

冬山清溝國小

時間之旅日記

2009.12.1（二）

如果我的出現，對他們將來在「尋找自我」上有所幫助，那將是我最開心的事。

表演前，校長說：「很榮幸黃老師今天可以來表演給各位同學看，黃老師不只是表演給大家看而已，他證明了一件事——不一定讀書才有用，只要找到自己的興趣並且認真對待，就可以像黃老師一樣在某個領域裡面嶄露頭角，占有一席之地。」

我有點嚇到了，沒想到竟然會有如此見解的校長。

這個世界似乎有漸漸改變的趨勢。不再是以讀書掛帥了，「行行出狀元」的情形終於比較常出現了。

校長，你真是好樣的！

這是一間新的國小，校園美麗，很多建物還在加蓋當中，全校只有一到四年級的學生，有的小朋友真的好小一隻。

……我盡全力表演給他們觀賞，他們的歡呼聲真的是很大。約九十分鐘的表演加體驗，就在他們高分貝的叫喊聲中結束了。

我看見辛苦陪伴小朋友的班導師，一個個站在小朋友的後方，感覺上完一天課下來，好不容易可以休息了。要帶國小的小朋友還真是不容易，大多數的時間都在管理秩序以及抑制他們愛動的天性。

於是我想到，為什麼不能有幾所名為「運動國小」的國小呢？或是依照人的天性所蓋的全能國小呢？小朋友可以透過各式各樣的運動，發洩他們的體力；再透過各式各樣的知識，滿足他們的好奇心，不再只是高壓的方式管理，而是讓他們盡情發揮。

唉，說來說去，也只是理想，但我真是不希望我的小孩困在教室裡面，我希望他可以盡情的發揮自己真正的天賦，發現讓他願意靜下來的事物。

而人生中重要的是什麼呢？是認識那些多半可能用不到的知識、跟現實世界脫離的教材，還是了解自己是誰、培養自己的世界觀呢？

我幾乎從小開始就是每天做著自己喜歡的事情了，所以我是一個不能強迫我做不喜歡事情的人。比如當兵時我當替代役，雖然已經比一般兵好過許多，我仍要花非常大的力氣來安慰自己、安撫自己，我實在不敢想像，如果我當一般兵的話會發生什麼事情。

從小一練習馬戲特技時，我就會忘了時間、不知疼痛也不知疲勞，以至於十三歲時右手肘軟骨因為使用過度而造成軟骨纖維化，進而碎裂在手肘各部位，而需要開刀取出壞死的軟骨。瞬間，我從大部分老師過分溺愛的天才兒童，變成沒什麼老師要理的垃圾兒童。那時不以為意，當手還沒有完全恢復的時候又開始練習。一直到現在，右手肘的後遺症無窮，但是我仍不在意。

我就是喜歡身體動時，那種寧靜與爆發力並存的強烈自在感，像是電流通過全身，像是吃著人間美味，像是全身有人幫你按摩，像是泡在溫度剛剛好的溫泉裡，像是睡飽覺的滿足感。我會忘了時間，暫時忘了煩惱的一切，也許可以證明，這就是我喜歡這件事的原因了吧。

謝謝簡主任的悉心安排，雖然在開始接洽時，因為一些事情沒有詳加確認，讓我們在表演當天再做一次確認，但那對我不重要，也希望簡主任不要在意，我們會再改進的。

謝謝小朋友們爆炸性的歡呼，有緣我們再相見。

一場，三二〇〇元。

臺東

濱海公園四維夜市

時間之旅日記

2010.3.28（日）

在這裡表演，鬧場的次數比較多，也遇到被小孩搶劫。

流動夜市是每個禮拜固定時間會出現的夜市，比如每個禮拜的三和六，那就會在特定的地方出現平常看不到的夜市。

看到這些夜市，不禁讓我好奇：夜市是誰發明的？哪裡開始的？

夜市文化看起來比較像是閩南文化，應該是從南部流行到北部，再從北部影響到南部的發展過程。所以到目前為止，我看過的夜市幾乎都很相似。

這種「相似」只是一種感覺，其實每個地方還是稍有不同的特色，但這些特色大多來自於地理位置的不同，而賣的東西就都大同小異了。

下午我先到濱海公園看看，可能是因為陰天飄小雨的關係，沒什麼人在這裡。但我卻驚見了一大堆的漂流木，索性就跟這些漂流木一起拍 Mr. Candle。

看到漂流木，很難不讓人想像這些木頭原本在山上的樣子。用文字很難形容這堆漂流木的數量到底有多龐大，反正就是很多，堆了幾座小山。

臺灣受傷了，颱風降下的大雨沖刷了生命與財產。看到這些漂流木，真的會讓人感到無力，因為你知道這是自然現象，因為你知道它已發生，因為你知道政府的處理速度很慢，因為你知道有很多人受難，因為你知道——臺灣變樣子了！

如果人類是最高等的生物，為什麼傷害地球最深？所以人應該是低等生物才對吧？每天尋求神來寬恕自己的貪婪，告解結束或是發洩自己的罪惡感之後，又繼續破壞環境來賺錢，人到底是聰明還是笨？

接連的疲累加上臺東沒有可以好好賣藝賺錢的地方，讓我覺得很無力。雖然身上有預備一些救急用的錢，但是當我發現臺灣的藝文環境如此貧乏之時，這是件讓人更擔心的事情。

這五個月的環臺，很重要的一件事，就是實地了解每個地方對於藝文環境的建設到哪裡了，街頭表演其實具有指標性。怎麼說呢？因為街頭是民眾接觸藝術最簡單的方式，要頻繁的接觸才能有足夠的刺激，如果連最基本的好接觸都沒有，整體的環境一定很差。

從屏東到臺東，雖然只到兩個地方，卻已深深覺得，出了臺北之外，其他地方真的很沙漠。政府到底在幹嘛？明明只要有人表演，臺東人的接受度是很高的，但在藝文這一塊卻看不見政府的一絲絲努力。這會讓我聯想到：連我一個人要在臺東靠表演賺錢都那麼難了，何況是一個團隊的生存？看來……將來要走的路需要辛苦加倍。

晚上見識到四維夜市的有趣，攤販們就在大馬路上一攤攤的擺起來。原本的大馬路經過兩個小時的改裝，就變成道地的夜市了。

在夜市裡，當地人民的性格會特別的清楚，臺東人讓我感覺很奇妙，他們介於溫和與暴力之間。有人很溫和，有人就很惡霸。在這個夜市表演，鬧場的次數比較多，也遇到被小孩搶劫。那個小朋友（應該說是一群），在我表演時就不時的吵著說：不好笑、摔死、哈哈哈（假笑）。表演結束，觀眾開始投錢，他和其他人有一些推擠的動作出現。接著，他看了看四周有沒有警察，一確定沒有警察，馬上就抓了一把觀眾投給我的錢跑掉了，

其他的觀眾很無奈的跟我說：「你先把錢收起來吧。」

他犯案的經過都被我的攝影機錄下來了，這是我賣藝到現在第一次被搶錢，在臺東四維夜市，而且是個小孩（大約國小五年級）。

表演的過程中，旁邊的攤販大哥不時過來看觀眾投多少錢給我，我感覺不太舒服。因為他不是用好奇的眼光看，而是用一種盤算的態度在看。

……

經過一個禮拜的臺東生活，我感覺臺東人比較飢渴，很多人愁眉苦臉並不開朗，像是生活上有什麼不能滿足的樣子。我想可能是因為小孩子都到外地念書，而念書需要錢。

在臺東要賺錢其實不容易，因為人口少，政府似乎又是由黑道掌控的，所以百姓的生活很辛苦。在生活辛苦又沒人可以做為心裡的依靠時，就會現出一種飢渴的面貌。

另一方面，我看到公共建設以及政府資源的挹注都不夠，臺灣社會這麼現實，人口少的地方，真的就比較沒錢了嗎？為什麼不能用國土面積來分，而要用人口來分呢？

我不懂政治或是政府用錢的方式，但是臺東明明可以好好發展，這裡的海岸線漂亮、田地豐收、原住民文化豐富，就是看不到整體規畫的影子，整個縣都是散散的、使不上力的感覺。我覺得臺灣政府真的有問題，這麼好的一塊土地，似乎就因為它人口少而沒有建設的規畫。

臺東是飢渴之都。

六場，七一九五元。

時間之旅日記

2010.5.8（六）

雲林

斗六夜市

雲林人不習慣有人在他們眼前表演，卻很珍惜有人來表演。

下午到斗六車站想要賣藝，但是卻沒有適合的場地可以表演。巧的是遇到一個也叫做黃明正的計程車運將，我們閒聊了一下，之後我又推著推車去尋找下一個可以賣藝的地點了。

老實說，我覺得藝文團體在雲林生存的機率應該是零。原因很多，感覺政府對藝術環境的塑造幾乎等於沒有。這裡的人大部分是農夫，閒暇之餘就是往廟裡跑；年輕一代的感覺上都在模仿臺北的流行。

大部分觀眾看表演時都很安靜，好像不知道該如何鼓掌，或是覺得不需要鼓掌。我以為我的表演在雲林國中並不是非常 shock 他們，今天在夜市賣藝時才了解，原來雲林國中的觀眾們已經非常熱烈了。

有一句話可以很貼切的形容雲林人對於表演藝術的態度：「不習慣有人在我的面前表演。」不過，他們對於有人來表演卻是很支持的（雖然他們在我賣藝時投的錢很少）。

比如今天，我去跟夜市的管理大哥說我要來表演，他給了我四個格子（一般的攤位都是一個格子），而且說不用跟我收錢，我馬上買了五杯西瓜汁去請他們。

雲林國中的觀眾看到我在夜市賣藝，也會主動過來跟我打招呼，等我休息夠了再看一次我的表演。這些觀眾感覺上很像是臺灣傳統的爸爸，不知道該如何對孩子好，也不知道該怎麼表示，更不知道該怎麼支持，但也不像是來謝謝你表演給他們看，比較像是：「喔～原來有人靠這個生活啊，嗯，我知道了，你要保重啊！」

他們不會期待你有什麼表演，但是他們會珍惜有你在這兒，很詭異吧？

賣藝時遇到來雲林出差的兩個人，看完表演後，他們各投了五百元給我。這兩張五百元，說實話，就是今天的台柱了，還好有他們。

旁邊賣牛排的大哥跟我說，他以前的身材比我好，因為他有練跆拳道和空手道，來夜市擺攤賣牛排是副業，他的主業是種雞（大量繁殖雞隻）。他說我應該要準備一顆燈要放音樂（今天是用我的車頭燈表演的）。

賣蒙古烤肉的老闆請我去他的攤子吃飯，我說我會去，但是我要自己付錢，因為我也是「賺食人」（臺語）。

斗六夜市賣蒙古大鍋炒的大哥說要請我吃飯，吃完我仍給他錢，因為我知道「賺吃人」（臺語）的辛苦。

到他的攤子後，由於我的堅持所以付了錢，但他似乎交代要給我雙人份的。來的時候我嚇了一跳，真的好大一盤。我把它吃完，謝謝他的招待之後就去逛夜市了。結果一逛就忘了時間，來不及到自助洗衣店拿今天送洗的衣服了。

在雲林要靠表演吃飯，真的不容易。回到住的地方，看到公視在播太陽馬戲團，我看了看……已經沒有幻覺了（可能是導演的關係吧），心裡想，如果有一天，我是他們的藝術總監或導演，我要示範一齣馬戲主義的作品給他們看。雖然去他們團裡工作不是我的目標，但是想一下也不犯法啊。

六場，三九三〇元。

彰化

鹿港薛王爺宮

時間之旅日記

2010.5.16（日）

原以為大廟會讓我表演，但把我當一回事的大廟，我只遇過一間。相較於大廟，謝謝王爺收留我，讓我在祂門前「賺吃」。

表演之前觀眾兼當地的民眾問我：「要表演什麼？」

我說：「馬戲特技。」

民眾：「幾個人？」

我：「一個啊！」

民眾：「就你一個喔？」

我：「對啊！」

觀眾投錢時很大方，廟裡的大哥也帶頭投錢，他們還拿麥克風給我，幫觀眾擺好長板凳。經過昨天的休息，體力回復了一些，這時我才發現，之前的我竟然那麼疲勞。因為今天的表演是有力氣的，今天的表演是享受的，我似乎已經遺忘這種感覺了，我究竟把自己操成什麼樣子？

休息當中，跟施總幹事聊天（臺語）。

施：「你現在還沒結婚，所以沒有負擔可以這樣做。」

我：「對啊！」

施：「你做的事情讓人滿羨慕的。」

我：「是喔？」

施：「對啊！」

我：「我就是做自己喜歡的事啊。」

施：「趁現在做，再過幾年要再這樣做就不可能了啦，想法啦、負擔啦都會改變，現在趁年輕做是對的。」

我：「對啊，幾年後要再做這種事是不可能了，所以我趁現在有體力趕快做。」

施：「對啊，這樣好，而且讓人羨慕。」

以上的對話並不精準，但對話內容的含義大約是這樣。

施總幹事看起來大約四十幾歲（我很不會看年紀），他告訴我，他羨慕我現在正在做的事情，我很感謝他們的協助，讓我可以賣藝。

在我賣藝時默默協助我的彭副總幹事（他寫了一手漂亮的毛筆字），跟我閒聊時發現我是新聞報導在環臺的那個人，就問我可不可以跟廟倒立拍照，我馬上答應了。

賣藝結束要離開時，彭副幹事拿了一個護身牌給我說（臺語）：「王爺要給你，保佑你一路平安的。」

我：「你們已經照顧我那麼多了，給其他的信眾吧。」

彭：「廟本來就是大家的，我們很願意協助來這裡從事藝文活動的人，你就收下吧，王爺要給你的，祝你一路順利平安。」

我：「謝謝。」

整個旅途上，幾乎每天都有好多故事發生，寫也寫不完，也沒時間多寫，真是可惜。

七場，一〇〇八〇元。

桃園

大園弘化懷幼院

時間之旅日記

2010.7.20（二）

親愛的孩子，在你的心裡，世界是怎樣的風景呢？

第一次遇到態度冷漠的社工人員，在辦公室裡吹冷氣抱自己的小孩。「這裡好爛，老師會罵髒話。」「他們會逼你信佛教。」一個翅膀焦黑的小天使說：「我八月就離開這裡了，太好了！」。

我看到一個差不多三歲的ㄇㄟㄇㄟ，一個人安靜的坐在吵雜的地方看我表演，因為坐的地方離我太近，我請她坐後面一點，她都很拗。

現場的表演結束之後，到圖書室看短片，你因為看不到而生氣的出去，剛好被我碰到，我問你不想看嗎？你沒回答。我陪你在門口看完短片，然後牽著你的手讓你在離銀幕較近的地方看另一部短片。

牽你的手時，我發現你的身高只高過我的膝蓋一點點，你的身體那麼小，腦袋卻好沉重。

看完短片，你等我回答完其他小朋友的問題之後，我要出去收拾道具，你要我牽你的手一起去。路上後面有一群小朋友嘻嘻鬧鬧，你是最小的一隻，但你最沉默。

我發現你沒有鞋子，我問你地板燙不燙？因為正值中午過後不久，太陽無情的照燒著柏油路，你搖搖頭表示不燙。我脫了夾腳拖鞋站了一下地上，地上很燙，於是我一手抱著你，一手拿著攝影機與腳架，走到陰涼處再將你放下。

在嬉鬧的小朋友當中要收拾道具很不容易，終於我收拾完要搬上車前，你看見我要離開了，在跟所有管理你們的老師與眾多小朋友說再見後，你用非常隱藏性渴望的眼神問我：「我可不可以跟你回家？」

這句話當場讓我像被一千磅的重拳打到一樣，我的靈魂躺在地上哭，起不來；我的身體站著，眼睛看著你的眼神，周圍的風景是俗稱的陽光普照、鳥語花香，在你的心裡，世界是怎樣的風景？

我當下能做的，是給你一些牛奶糖，給你一張 Mr. Candle 的明信片，跟你說：「要保重，可以的話，我們會再見面喔。」

接著我看著你身邊的小哥哥，對他說：「大的要保護小的。」

他點點頭。

我開著車看你們揮手跟我說再見，你左手抓著牛奶糖，嘴裡咬著根本就太大的牛奶糖，右手腋下夾著那張明信片，伸起右手肘揮手跟我說再見。

大的照顧小的，要保重喔。

馬祖 境外之都

這裡的族群跟其他地方都不同，說的話不同，生命態度不同、房屋樣貌也不同，你就像到了另一個國度。就算離臺灣最遙遠，但也是臺灣的一部分，也因為解禁的時間晚，仍保留許多原汁原味的島民生活，旅人在這裡見到最美的日出。

臺北詛咒之都。

來到首都生活的人，為的都是為未來打拚，但是進到這裡，每天早上上班的塞車、焦慮的工作節奏、如影隨形的空氣汙染及噪音、下班的塞車、回家的累癱、追不完的流行、假日休息不夠就是你的輪迴。你掙脫不了，就算再厲害，你也只是把自己關在比較貴的鐵裡面……漸漸的，你忘了來到這裡的初衷，除非你很用力的每天提醒自己，不然，你會離自己愈來愈遠。

來到首都，彷彿被下了咒，即使自認為優秀得沒話說，卻沒人逃得了這樣的輪迴。

【出版後記】

拼貼出黃明正的夢想地圖

曾文娟（遠流出版公司出版四部總監）

二〇一一年一月十五日，我在TED×Taipei的活動上第一次見到黃明正。

他出場的方式很特別，十度低溫的臺北，他赤裸著上身，著黑色緊身褲，鏡頭緊跟隨他，從華山文創園區的藝術大街上以手倒立步入會場。從螢幕上的影像，看到真人立現，所有觀眾看著他直挺倒立的身形莫不驚呼鼓掌；一個翻身，他以常人姿態站立台上，又一次熱烈掌聲。

隨即，他吹出了鳥鳴聲，觀眾不禁一笑，他又拿了一塊滑板擺在桌上四個晃管上，手壓了壓，兩腳站了上去。屋外寒冷，台上的黃明正像在海上衝浪，忽一個倒立，又激起我們鼓掌叫好。場內所有人的神經全都緊繫在他的腳上、身上和手上。此時，他恢復腳立平衡姿勢，再從褲襠拿出幾個藍色小球，邊晃邊丟球。又是掌聲雷動。

十八分鐘的演講，他以馬戲表演、演講以及影片告訴大家他是誰。

影片中，他依然光著上身，在海邊、垃圾堆中、傾圮的房屋旁、車流不斷的橋上、老伯伯的摩托車上、如一片綠海的田邊、養老院、孤兒院……他倒立著。

他說：「臺灣的土地美得像太陽，未來像月亮……臺灣的人民在角落默默付出，就像星星一樣隱隱發光。」「當你找到自己的時候，世界的價值觀會不見，只剩下你想做的事情。」「我很慶幸我有開明的父母，鼓勵我追尋理想，但我現在不會問你有沒有開明的父母，我要問你：『你／妳會成為開明的父母嗎？』」「當我什麼都沒有的時候，我發現我什麼都有！」「當你發現世界不對勁的時候，你願意花多少力氣去影響？」

他完成了世界首創的環臺倒立自拍，經歷了五個月，繞行二萬公里之遙，他還計畫倒立環遊世界，臺灣是他的起始站。他要把世界的馬戲特技記錄下來，獻給臺灣。他感謝他的父母依他的天賦培養他，他清楚知道自己來到這世上的原因，他說他的母親很羨慕他，因為他做自己喜歡的事。他今年二十八歲。

十八分鐘很短，一位來自屏東鄉下、是現場最年輕的演講者，躋身在國內外知名的專家中，竟然能煽動全場觀眾起立鼓掌，向他致敬。聚光燈打在明正的臉上，靦腆的他，卻有最真實自信的笑容。

此刻，我的同事維君在自個兒家裡，坐在電腦前以網路收看整個節目，她在臉書上寫著：「黃明正的演講很感人啊，連我都想站起來鼓掌了！」

我忘不了這一幕。隔天中午，我打電話給明正，告訴他我身為一位母親與聽眾的感動（我是開明的父母嗎？）希望可以跟他談談能否寫下他的故事，讓同他一樣的年輕人也找到自己的天賦與目標，以及做自己最想做的事。

農曆春節前，又是一個寒冷的午後，遠流的五樓會議室熱鬧著。我的編輯與企劃同事一共七人圍繞著這位害羞的男孩。少了舞台上的燈光，他的話更少，卻滿是微笑。他細數著影片中街頭賣藝及倒立的地點，我們看到他的一步一「手」印。企劃副理佳美說，她以前總是聽一個人說得太多而做得太少，如今她看到一個人是將他所說想做的事真的「做到了」！

三月，明正陸續寫下了他的成長故事，也傳來他從二〇〇九年七月到二〇一〇年八月將近十二萬字的「時間之旅日記」。

我兩相對照、反覆閱讀，一個年輕人的成長身影，漸漸顯影了。

有人問我，明正還那麼年輕，他目前的一切可算是成功嗎？值得書寫成書嗎？

我篤定的說，如果看過明正的表演並跟他交談過，你就會知道這個「孩子」的正面能量與堅持遠遠超過我們「大人」！

他雖自覺孤僻，卻是在一個父母關愛的家庭成長的，他們發現他天生就會倒立（他說天生肌肉柔軟又有力），便支持他往武藝方面發展；一個十歲的孩子（才國小四年級）為了興趣，離鄉背井到國立臺灣戲曲學院讀書。每天早上五點半就要起床做早操，六點開始做早功，晚上思親想家哭上了半年，但只要是他喜歡的練功與倒立，什麼苦都吞了下來；為了精練武術與雜技，別人的高中暑假玩耍賣藝賺錢，他連續兩三年赴大陸拜師接受苦訓，晃管、繩技、迴旋標在臺灣至今無人能敵；他的成長世界幾乎與世隔絕，除了家裡就是劇校，十八歲畢業前途茫茫，每天睡三個小時啃書，只為了考上臺北藝術大學戲劇系（花了四年時間終於考上）；他跟著瑪莎葛蘭姆的傳人許芳宜與布拉瑞陽成立的拉芳舞團巡演，站過美國與臺灣的舞台上，他卻為了找回自己身體的感覺，經營自己的觀眾，跳下炫麗的劇場舞台，走進真實的生活舞台，以馬戲特技表演的街頭賣藝，攢出一塊塊銅板與一張張紙鈔，籌備他的環島旅費……

明正小時候的夢想，一直支持著他成長，他不斷移除不屬於他的一切（即使光鮮、多金），專注於自己所想要的。我在日記中看到他記錄著每天的時間與表演場地，心情、所見到的人與事、表演了幾場、賺了多少錢……還有他的痛苦挫折，更有對許多人的感謝。比如二〇〇九年九月二十五日，晚上七點半到十點，在臺北西門町屈臣氏前廣場的日記，他寫著：

在今天之前，表演時的台詞只有最後的：「謝謝大家的掌聲……我不是外國人啦……

我是臺灣人……臺灣訓練出來的表演者……你們看到的表演是我從小的興趣……如果剛剛的表演，大家還喜歡的話，請給我一些支持（手比向擺在地上的帽子）……」

今天開場時我多說了：「大家可以圍過來一點……只要不要超過地上的紅線圈……紅線圈代表的是安全距離……表演當中也請你們注意安全……因為表演是有點危險的。」接著就是一段他們聽不懂的鳥語，以及開始表演。

增加了前面的開場白，觀眾對會比較有熟悉感，知道接下來要看的表演是什麼，也比較知道我是誰，所以表演時的氣氛就會比較熱絡一點。

短短的暖場真是妙趣無窮，短短的開場白也讓整個表演的結構更清楚了，但也因為觀眾對我更熟悉了，覺得好奇而跑進危險區域的小孩子也增加了，真的是很驚險ㄋㄟ。

……

五場，七五〇〇元。

他花了八個月籌備，五個月完成倒立自拍環島，他計畫還要再環島臺灣兩次（達成他環島三次的目標），等籌足了經費，他要倒立自拍環遊世界。

他走過的地方都在他心上烙了印記，他說故鄉屏東是「溫順之都」，苗栗是「幸福之都」，澎湖是「獨立之都」，花蓮是「邊緣之都」……我們看到明正一塊塊拼出了臺灣的地方圖像、各地臺灣人的性格，以及一個男孩成長的軌跡，他說：「在臺灣，有多少人小時候知道自己喜歡什麼，長大卻變得不知道了？」

如果有一天，你在熱鬧的西門町、信義區商圈、淡水捷運站、各鄉鎮的廟口、夜市、公園等地，看到一位赤身男孩，吹著鳥語、站在滑水板上乘風破浪、丟著迴旋標……記得，請停下來專注的看他表演，給他最大的掌聲，放些錢進入他準備的帽子裡，再告訴你身邊的朋友或是企業或是學校，邀請他去演講或是表演，他會竭盡所能地用自己的力量、自己的身體，告訴你他多麼熱愛表演這件事，他說：「我想要從臺灣紅出去，再把世界上最好的東西帶回臺灣分享！」

明正真的好年輕，他的夢想拼圖還有許多空白的地方，他目前已拼完的畫面是獨一無二的。這本書是他的起步，呈現出他「經營天賦，實踐夢想」的精彩畫面；而他的未來地圖，需要我們一起支持他、幫他一塊塊拼出來。

國家圖書館出版品預行編目資料

告訴世界我是誰：倒立先生黃明正的夢想拼圖／黃明正作．--
初版．--臺北市：遠流，2011.07
面；　公分．--（綠蠹魚叢書；YLK20）
ISBN 978-957-32-6800-0（平裝）

1. 自我實現 2. 通俗作品
177.2　　100010264

綠蠹魚叢書 YLK20

告訴世界我是誰
倒立先生黃明正的夢想拼圖

作者／黃明正
照片攝影・提供／黃明正
出版四部總監／曾文娟
資深副主編／李麗玲
企劃副理／陳佳美
封面暨內頁設計／黃寶琴

發行人／王榮文
出版發行／遠流出版事業股份有限公司
地址／台北市100南昌路2段81號6樓
電話／2392-6899 傳真／2392-6658 郵撥／0189456-1
著作權顧問／蕭雄淋律師
輸出印刷／中原造像股份有限公司
2011年7月1日 初版一刷
2017年11月15日 初版九刷
售價新台幣360元（缺頁或破損的書，請寄回更換）

ISBN／978-957-32-6800-0（平裝）
遠流博識網
http://www.ylib.com E-mail: ylib@ylib.com